책의 제목은 제가 좋아하는 영화 〈마담 프루스트의 비밀정원〉
에 나온 대사인 '나쁜 추억은 행복의 홍수 아래 가라앉게 해'를
인용했습니다. 나쁜 추억 대신 슬픈 기억이라고 바꿔 쓴 이유는
제겐 아프고 슬픈 기억은 있지만, 나쁘다고 말할 추억은 없기에
슬픈 기억으로 대신 하였습니다.

슬픈 기억은 행복의 홍수 아래
가라앉게 해

이채은

Q.

당신을 아프게 하는
슬픈 기억이 있나요?

_____

_____

_____

'우리는 기억 속에서 많은 것을 발견한다.
기억은 일종의 약국이나 실험실과 유사하다.
아무렇게나 내민 손에 어떤 때는 진정제가,
때론 독약이 잡히기도 한다.'

영화 〈마담 프루스트의 비밀정원〉은 프랑스 작가 '마르셀 프루스트'가 남긴 이 말로 시작된다. 영화에는 어릴 적 부모를 여의고 말을 잃은 채 두 이모와 살고 있는 폴이 나온다. 폴은 그저 이모들이 이끄는 대로 단조로운 삶을 살아가던 중, 우연히 이웃 마담 프루스트의 집에 방문하게 되고, 그녀가 건넨 차와 마들렌을 먹고 과거의 상처와 행복했던 추억을 떠올리게 된다. 그렇게 제대로 마주한 기억으로 인해 두 이모가 아닌 스스로 이끄는 자신의 삶을 살아가게 되는 이야기를 영화는 담고 있다.

아픔은, 아픈 기억은 흔적 없이 사라지지 않는다. 애초에 사라지는 것이 가능하지도 않을뿐더러 사라진다고 하더라도 희미한 자국은 남기 마련이다.
그래서 어쩌면 슬픔을 아예 잃어버리길 소망하는 것보다 그 슬픔에 무너지도록 우는 것이, 그럼에도 기특하게 하루를 살아내는 것이 더 쉬울지도 모른다.

그렇게 살아낸 하루가, 또 하루가 지나가다 보면 행복한 순간을 마주하게 될지도 모를 일이고, 그러다 보면 우리는 어쩌다 울지만 그럼에도 웃을 수 있는 삶을 살아가게 될지도 모른다. 그러니 우리는 진정제든, 독약이든 기억해야 한다.
기억이 없는 삶은 할 말이 없는 삶이 되고, 할 말이 없는 삶은 살아야 할 이유를 듣지 못한다는 말이 되기도 하니까.

그러니까 이건 기억하기 위한 기억에 대한 기록,
나를 살아가게 하는 순간에 대한 기억을 엮은 책이다.

"나쁜 추억은 행복의 홍수 아래 가라앉게 해.
네게 바라는 건 그게 다야.
수도꼭지를 트는 건 네 몫이란다."

영화 〈마담 프루스트의 비밀정원〉 중, 프루스트가 폴에게

기억을 기억하기 위한 서른가지 질문

1. 오늘 두 번 이상 반복해서 들은 노래가 있나요?

2. 오늘 맛있다! 라는 말을 하게 한 음식은 무엇인가요?

3. 오늘 당신에게 상처를 준 말은 뭐예요?

4. 그 상처에 위로가 된 것은 무엇인가요?

5. 오늘 기억에 꽤 오래 남을 만한 사람을 만났나요?

6. 하루 중 당신을 위로하는 시간은 언제인가요?

7. 오늘 갑자기 생각난 옛사람이 있나요?

8. 오늘 우연히, 그러나 운명 같은 순간이 있었나요?

9. 가끔 당신을 괴롭히는 차가운 기억이 있나요?

10. 그럼에도 나를 따뜻하게 해주는 것들은 무엇인가요?

11. 오늘 당신이 용기 내서 한 말은 무엇인가요?

12. 오늘 혼자서 무엇을 했나요?

13. 오늘 누군가와 함께 한 일이 있나요?

14. 오늘 생각지도 못하게 받은 연락 한 통이 있나요?

15. 오늘 당신이 품은 아쉬운 마음이 있나요?

16. 오늘 품은 그리운 마음이 있나요?

17. 오늘 깨달은 나의 사소한 장점은 뭐예요?

18. 당신의 단점은 무엇인가요?

19. 오늘 본 드라마나 영화에서 마음을 움찔하게 한 대사가 있었나요?

20. 하루 중 당신이 좋아하는 순간은 언제인가요?

21. 행복하다고 말한 적이 있나요?

22. 오늘 곱씹게 된 말 한마디가 있나요?

23. 다음에 다시 찾아가겠다고 마음먹은 장소가 있나요?

24. 당신의 취향은 무엇인가요?

25. 당신의 마음을 가장 힘들게 하는 것은 무엇인가요?

26. 아직 보내지 못한 편지 한 통이 있나요?

27. 무기력한 하루에 대처하는 방법이 있나요?

28. 가지고 있는 물건 중 절대 버리지 못할 물건이 있나요?

29. 오늘 생긴 당신의 버킷리스트는 뭐예요?

30. 오늘 당신에게 잊지 못할 순간이 있었나요?

천천히 새긴 기록이 차곡히 쌓여
잔잔하게 기억되는 생을 살아가겠다고,
그 생이 누군가에게 위로가
되었으면 좋겠다는 생각을 했다.
그렇게 어쩌다 한 번은
그 위로가 누군가의 하루를
버티게 했으면 하는 거창한 바람도 품었다.

그러니 나는
앞으로 살아가는 날들의 사소한 순간을
악착같이 기록해야지, 그리고 기억해야지

1.
오늘 두 번 이상 반복해서
들은 노래가 있나요?

재생목록에 담긴 몇 개의 곡에는 좋아하는 취향이 담긴 전주와 마음이 가는 가사뿐만이 아닌 그 어느 날의 장면이 담아져 있다.

　태어나 처음, 당장이라도 쏟아져 나를 덮칠 것만 같던 은하수와 수많은 별을 품고 있던 사하라 사막에 도착했을 때였다. 그곳에서 들은 이적의 〈Rain〉에는 아무것도, 아무 불빛도 없는 사막에서 노래가 흘러나오자 여행자들 모두가 약속이라도 한 듯 아무 말도 하지 않았던 고요한 밤이 있고,
발리의 어느 펍에서 흘러나온 Angus & Julia Stone의 〈Paper Aeroplane〉을 들을 때면 모두가 즐거운 그곳에서 혼자만 울던 나를 위해 함께 울어주던 친구가 항상 떠오르고,
Post Malone의 〈Sunflower〉에는 호주의 끝없는 도로를 달리며 마주한 붉게 지던 그날의 노을이 담겼고, 단지 위로받고 싶다는 이유로 갑자기 떠난 제주 여행 마지막 날, 우연히 재생 목록에 추가된 환상약국의 〈Scarlet〉에는 비가 온 뒤 맑게 갠 함덕 해변을 떠나기 아쉬운 마음에 한없이 걷던 순간이 담겼다.

이렇게 어떠한 기억이 담긴 노래가 우연히 들려올 때면 나는 의도치 않게 그날의 시간으로 잠시 젖어 든다. 어떤 순간은 그날 찍은 사진이나 영상보다 노래를 들을 때 더 선명하게 보이기도 한다.
그래서인지 처음에는 우연히 흘러나온 노래로 시작되었지만 이제는 좋아하는 장면을, 잊고 싶지 않은 순간을 마주하게 되면 일부러 노래를 하나 고른다.
이렇게 하면 이 노래가 세상에 흔적 없이 사라지지 않는 이상, 기억하고 싶은 오늘을 오래오래 기억할 수 있을 것 같아서-

그러니까 내가 기억을 기억하는 방법 중 하나는 노래를 반복해서 듣는 일이 되었다.
그러니 오늘 어떤 노래를 두 번 이상 들었다는 건 그 노래가 내 취향을 한껏 건드렸다는 말이자,
지금의 순간이 오래 기억되었으면 하는 마음이 더해졌다는 것이며, 그러했다는 건 오늘 하루가 썩 나쁘지 않았다는 말이 된다.

산울림 - 그대 떠나는 날 비가 오는가

산울림 - 안녕

하림 - 사랑이 다른 사랑으로 잊혀지네

김광석 - 잊어야 한다는 마음으로

송창식 - 강변에서

자우림 - 위로

이적 - 빨래

선우정아 - 비온다

Nick cave & The Bad Seeds - Into My Arms

Angus & Julia Stone - Snow

Xamvolo - In Love and War

Simon & Garfunkel - The Sound of Silence

그 외 몇 번을 반복했던 노래

2.
오늘 맛있다! 라는 말을 하게 한
음식은 무엇인가요?

단순히 맛있는 음식, 좋아하는 음식의 종류가 아닌 기억을 담고 있는 음식이 있다. 그런 음식을 길거리를 지나가다, 어쩌다 들어간 식당에 예고 없이 나온 밑반찬, 끼니를 때우기 위해 근처 식당을 찾아보다가 발견한 맛집, 누군가가 나를 위해 차려준 밥상에서 우연히 마주하게 될 때, 나는 멈칫하고 만다.
이렇게 내게는 기억을 담고 있는 음식이 몇 가지 있는데 그중 하나가 호떡이다. 호떡이라 하면 치즈가 들어있는 호떡, 오독오독 씹히는 견과류가 들어 있는 호떡, 심지어 아이스크림 호떡까지 종류가 아주 다양하다. 하지만 그중에서도 먹고 나면 입가에 기름이 번들번들하고, 뜨겁고 새까만 설탕에 까딱하면 입천장을 델 수도 있는 가장 본연의 호떡을 제일 좋아한다.

호떡이 담고 있는 기억 때문에 아직도 호떡을 좋아하는 것인지, 아니면 호떡을 좋아했기에 이런 기억이 담아진 것인지는 모르겠지만, 내게 호떡은 나의 8살 그 언저리를 담고 있다.

편의점은커녕 겨울에는 아이스크림도 팔지 않는 작은 구멍가게가 전부인 시골 마을에 자란 나는, 간식거리가 먹고 싶을 때마다 툭하면 할머니에게 호떡을 해달라고 졸라댔다. 반나절은 반죽을 숙성시켜야 먹을 수 있다며 조금만 기다리라던 할머니에게 지금 당장 먹고 싶다고 고약한 성질머리를 부리던 내가 있고, 그 모습에 "지지배 승질머리 하고는!" 하면서도 숙성도 안 된 반죽을 떼어 호떡을 만드는 할머니가 있다.

갈색 설탕을 한가득 넣어 동그랗게 뭉친 반죽을 똑 떼다 달궈진 프라이팬에 올린다. 이때 오래된 프라이팬에 반죽이 들러붙지 않게 하려면 기름을 잔뜩 둘러줘야 한다. 은색 밥그릇으로 납작하게 눌러 앞뒤로 노릇노릇 구워내면 내가 좋아하는 호떡이 만들어졌다.

할머니도 호떡이라 하면 그때가 생각나는지 10년이 지나서도, 20년이 지나서도 내가 오랜만에 시골에 내려갈 적이면 호떡을 먹이겠다고 시장으로 데려간다.

할머니에게 호떡은 이제 서른이 다 되어가지만 아직도 마냥 아이 같은 손녀가 가장 좋아하는 음식이다. 그리고 그 시장 골목에서 할머니와 함께 호떡을 나눠 먹을 때면, 질리지도 않는지 항상 똑같은 그 시절의 이야기를 한다.

피자며, 치킨이며, 짜고 달달한 과자 같은 것을
마음껏 먹지 못하던 그 시절.
울고불고 떼쓰는 나를 달래던 할머니의 호떡을
아마 나는 평생 기억하겠지.

그러다 문득,
언젠가 그 기억에 사무치게 아파할 수도
있겠다는 생각이 들었지만.
퇴근길 길거리에서 우연히 본 호떡을
호호 불며 먹은 오늘처럼,
아마 평생을 기억하겠지.

3.
오늘 당신에게
상처를 준 말은 뭐예요?

오랜만에 돌아온 한국은 그리고 오랜만인 만큼 나는 이제, 열에 일곱은 '막 어리지는 않네요.'라고 말하는 나이가 되었다. 고작 그 이유 때문이었을까?
나름 단단해졌다고 생각했지만, 여전히 나는 하루에도 몇 번씩 무너질 듯 흔들리는 마음을 잡고 버티느라 정신이 없었다.
그 와중에 좋아하는 일을 급하지 않게 하나씩 해보자- 라는 다짐을 했고, 그렇다고 마냥 좋아하는 일만 하기에는 서울의 비싼 월세를 감당할 수 없었다. 일단 나는 아르바이트를 구해야 했다.

구인구직 사이트에 올라와 있는 대부분의 아르바이트는 나이 제한이 있었다. 예전에는 어리다고 안 써줄까 봐 걱정이었던 그 나이 제한이, 이제는 나이가 많다고 안 써줄까 봐 걱정인 제한으로 와 닿았다. 그래도 다행히 아직 제한당하기(?)까진 시간이 조금 남아서 운 좋게 조건이 좋은 일자리를 얻게 되었다. 보수가 많은 건 아니지만 생활을 하기에 부족함은 없었고, 중요한 건 시간적인 여유가 많은 근무 환경이었다.

그게 이 직장을 다니기로 한 큰 이유였다. 적당한 돈도 벌면서 내게 지금 필요한 시간도 벌 수 있는 곳이라는 것.

아르바이트 나이 제한이 간당간당한 날 거둬준 이곳은 회사 직원들의 복지를 위한 사내 카페였다. 회사 직원들만 이용하니 손님이 적었고, 혼자서 근무하는 공간이라 그 누구의 눈치를 볼 필요도 없이 개인적인 시간을 마음껏 활용할 수 있었다.
나는 이곳이 꽤 마음에 들었다. 나의 첫 책도 이 공간에서 대부분을 만들어졌고, 내가 배우고 싶은 새로운 것들이 함께 쌓여가는 공간이었다. 아마 여기를 떠날 즈음엔 내게 꽤 많은 것들이 쌓여 있겠다- 싶어 괜스레 두근거리기도 했고….
나는 정말로 이곳에 있는 내가 꽤 마음에 들었다.

그런데 누군가에게는 내가 참 아쉬워 보이기도 했나 보다. 앞서 말했다시피 회사 직원들만 이용하다 보니 손님으로는 매일 같은 사람들을 만난다. 그중 꽤 자주 오는 직원 한 분이 있었다. 나의 이름을 알기도 전에 나이를 먼저 묻던 분이었다.

어느 날 그는 내게 회계 자격증 같은 걸 공부해봤냐고 물었다. 뜬금없는 질문에 "아니요. 그건 왜요?"라고 되묻자, 그는 "회계 자격증이나 뭐 그런 거 배워서 회사 경리로 일하면 좋을 거 같아서 그렇지~!"라고 말했다. 순간 나는 그 말에 마땅한 대답이 떠오르지 않아 멋쩍은 웃음으로 답할 뿐이었다. 그렇게 그분은 주문한 커피를 받아 자리를 떠났고, 그제야 나는 가슴 한구석이 답답해지는 것을 느낄 수 있었다.

그의 말에 악의가 있지 않다는 것을 머리로는 알았지만, 내 괜한 자격지심 때문이었을까. 다른 이의 눈에는 지금의 내 모습이 초라해 보였나 싶어 화가 났다. 그게 아니라면 가만히 있는 나에게 굳이 오지랖을 부려가며 조언해준 이유를 달리 설명할 길이 없었다. 내가 미래에 대한 고민을 털어놓은 것도, 이 일자리에 대한 불만을 토로한 것도 아닌, 그저 몇 번 오고 가며 인사나 주고받는 사이였는데 말이다. 그가 나에 대해 알고 있는 것이라고는 고작 나이뿐이었다.

그리고 그의 말에 "아 말씀은 감사하지만 전 하고 싶은 일이 있어서 열심히 노력 중이에요."라고 당당히 말하지 못한 나에게도 화가 났다. 이 말을 하지 못한 이유는 그저 말 섞기 귀찮아서가 아니었다. 그렇게 대답했다가는 "그래도 나이가 있는데 괜찮겠어?"라는 소릴 들을까 봐- 지레 겁을 먹고 말하지 못한 게 분명했다. 그래서 더욱 스스로에게 화가 났다.

꽤 괜찮다고 말할 수 있는 삶을 살기 위해서는 타인의 시선보다 우선되어야 하는 것이 나의 시선인 걸 알면서도 아주 가끔, 나는 나를 초라하게 만드는 못난 생각을 한다.

4.

그 상처에 위로가 된 것은

무엇인가요?

꽤 오랜만에 맞이한 명절이었다. 여기서 저기로, 저기서 여기로 떠돌던 3년간의 떠돌이 생활을 끝내고 이름도 어색한 나름의 '정착'이란 것을 하고 맞이한 명절. 사실 정착의 의미가 무언가 자리를 잡는 것이라면 이 단어는 취소해야겠다. 나에게 정착은 그저 캐리어와 배낭에 묵혀있던 짐을 꺼내 공기를 쐬게 해주는 것이 전부였으니까.

누군가에게는 한참 어린 나이겠지만 스스로에겐 이제 나름 무거운 나이를 먹었다. 그래서인지 어른들이 내게 물을 "요즘 뭐 하고 있니?"라는 질문에 어려운 마음이 들어, 꾸역꾸역 힘겹게 내려간 시골이었다. 원래 집에만 있는 날엔 세수는커녕 잠옷도 벗지 않던 내가 그래도 이번 명절은 멀끔하게 보이고 싶었다. 웬일로 아침부터 일어나 씻고, 화장을 하고, 머리도 빗고, 잠옷도 벗어 던지고 친척들을 맞이했다. 오랜만에 만난 내게 반갑다며 악수를 하고, 그동안 잘 지냈냐는 안부에 뒤이어 예상했던 "그래서 요즘 한국에 와서 어떻게 지내고 있냐-"는 질문을 받았다.

그리고 그 질문에 나는 들키지 않게 속으로 심호흡을 크게 한번 하고 최대한 주눅 들지 않은 척, 당당하게 나의 근황을 이야기했다.

나 스스로가 당당하고 내가 나의 순간을 사랑해야 그 누구도 함부로 이래라저래라하지 못할 테니까.

말은 이렇게 했지만 분명 주눅 든 얼굴로 쭈뼛거렸을 것이 뻔하다. 그런데 내 대답을 듣고 다시 그에 대한 대답을 건네는 어른의 말은 예상을 빗나갔다.
시집갈 나이가 다 되었는데 이제 뭘 시작하고, 이제 뭘 배워서 언제 자리 잡는다냐- 라는 우려 섞인 타박을 들을 줄 알았는데….
어른은 내게 "네가 나이를 먹고 어른이 되긴 했나 보다."라며 허허, 하는 웃음을 지으셨다. 그리고는 그래, 이렇게 배우고 싶은 것이 생기고 하고 싶은 일이 생긴 만큼 열심히 해보라고. 최소 5년 동안은 그 어느 누가 네게 늦었다고, 그럴 때가 아니라고 쥐고 흔들어도, 흔들리지 말고 열심히 한번 해보라 하셨다.

그렇게 불안함에도 흔들리지 않는 마음으로 한참을 해보고 나서 '아 역시 꿈을 좇는 생은 말이 안 되는 생이었나.'라는 후회를 하게 될지언정 그 결과는 타인의 훈계로 인해 내려지면 안 된다고, 한번 잘 해보라고. 그 말을 들으니 한참을 불안함에 가벼이 흔들리던 내 마음에 한층, 단단한 무게가 얹어졌다.

"그래. 어차피 이러나저러나 돈은 없고,
이러나저러나 각박한 삶이라면
현실을 원망하며 두려움에 뭘 어찌하지 못하는
삶보다는, 불안함에 허덕이더라도
내가 원하는 삶을 살아야지."

라는 실없는 소리도 외쳤다.

5.

오늘 기억에 꽤 오래 남을 만한
사람을 만났나요?

나의 지난 여행과 호주 워킹홀리데이에서의 순간을 담아 만든 책을 들고, 홍대에서 열린 독립출판 행사에 참가했을 때였다. 지정받은 부스에 책과 엽서를 펼쳐 놓고 앉아, 책을 사 가는 사람들과 또 책을 구매하진 않더라도 나의 이야기를 궁금해하는 여러 사람을 만날 수 있는 시간이었다.

    시끌벅적했던 토요일과 달리 조금은 한가한 일요일. 거기에 따사로운 햇볕과 선선한 바람까지 더해져 살짝 졸고 있을 때였다. 졸고 있는 내 앞에 시끌벅적한 무리가 걸음을 멈춰 섰다. 기분 좋은 에너지가 가득한 그들은 호주 워킹홀리데이라고 쓰여있는 내 부스를 보고 반가움에 말을 걸어왔다.

"어! 저도 호주 다녀왔었는데! 반가워요!"
그러자 옆에 있던 그의 친구는 "야, 너는 똑같이 호주 다녀왔으면서 뭐했냐! 이분은 책도 썼잖아!"
라며 장난 섞인 타박을 건넸고, 그는
"그러게나 말이다….."하고 헛헛한 웃음을 지었다.

그 말을 들은 나는 손사래를 치며
"아, 저도 뭐 별거 없어요! 그냥 예전부터 쓰고 싶은 마음이 있어서 끄적이던 걸 호주에 가서도 조금씩 써 모은 것뿐이에요. 많이 팔리지도 않았고 유명하지도 않아요."
라는 이상한 변명을 늘어놓을 뿐이었다.
그리고 한참 동안 그들은 처음 보는 내게 회사에 찌든 이야기, 퇴사에 대한 갈망을 털어놓았고 나는 처음 본 그들에게 호주에 대한 그리움, 한국에 적응하기 힘들다는 투정을 부렸다. 그러면서 우리는 함께 '떠나고 싶다.'는 간절함을 나누었다. 고요했던 일요일 오후는 그렇게 기분 좋은 소음 가득한 대화로 채워지고 있었다. 발길을 떠나며 호주를 다녀왔다던 그는 내게

"꼭 잘 되었으면 좋겠어요.
그러니까 잘 사셨으면 좋겠어요."

라는 말을 남겼다.

그 말이 무슨 의미인지 알 것만 같아 행사가 끝나고 나서도 한참이나 어지럽게 맴돌았다.

잘 되었으면, 잘 사셨으면 좋겠다는 그 말은 어쩌면 이제는 꺼내지 못할 나의 용기를 대신 보여줄 누군가가 간절한 마음. 그리고 대신 보여준 누군가가 잘 살아간다면, 어쩌면 나도 다시 용기를 꺼내 보일 수 있지 않을까 하는 기대.

그러니까 누군가가 잘 살아갔으면 하는 바람은
나 또한 잘 살아가고 싶은 간절함일지도 모른다.

참 웃기게도 이름도 모르는 그가 해준 응원에 정말 무엇이 되었든 간에 잘 해내겠다는, 잘 살겠다는 다짐이 단단해졌다. 그렇게만 된다면 언제가 될지 모르겠지만 오늘보다 더 잘 살아가고 있는 나를 우연히 보게 된 그가, 조금 단 맛을 느꼈으면 좋겠다는 생각을 했다. 어쩌면 나도 괜찮을 수 있지 않을까- 하는 마음을, 그가 품었으면 좋겠다는 생각을 했다.

6.

하루 중 당신을

위로하는 시간은 언제인가요?

아무 소리도 들리지 않는 밤이 필요한 순간이 있다. 그만큼 아무 소리도 들리지 않는 밤은 때에 따라 위로가 된다는 말이다.

'나만의 공간'에 대한 애착 혹은 집착이 좀 있다. 내 생각엔 아마 할머니와 동생과 밤을 나눠가질 수밖에 없었던 어린 시절, 혼자만의 밤을 가지고 있는 친구의 방을 보고 나서부터였을 거다.

간절히 갖고 싶지만 가질 수 없는 세상을 살며 생긴 집착은 스스로를 책임질 수 있는 나이가 되고, 넉넉진 않지만 나의 밤을 가질 수 있는 능력이 생긴 후로 빛을 발했는지도 모른다.
나의 공간은 항상 밤과 어울리도록 꾸며졌다. 최대한 내가 이 밤을 오롯이 느낄 수 있는 아늑하고 따뜻한 공간이어야 했다.

대개는 혼자인 밤의 적막을 깨기 위해 시끄럽고 웃긴 예능 프로그램을 하나 틀어놓는데, 가끔은 그렇지 않은 밤이 필요하다. 그런 밤에는 아무 소리도 들리지 않는 이 밤에, 나 혼자서만 간신히 들릴락 말락 하게 노래를 듣는다. 잘 들리지 않는 그 노랫소리에 귀를 기울이다 보면 그 노랫말을 알아듣기 위해 시끄러운 머릿속이 고요해진다.

그러다 보면 그 노랫말에 어울리는
문장 하나가 떠오르기도 하고,
그 노랫말에 어울리는 누군가가 떠오르기도 한다.
그 떠오르는 문장을, 사람을, 순간을 맥락 없이
그려내고 난 밤에는 유독 깊은 잠에 빠진다.

혼자여야만 그리워할 수 있는 것들을 품은
아무도, 이 아무것도 없는 밤을 좋아해요.
혼자이기에 그리워할 수 있는, 나의 모든 옛날을.

7.
오늘 갑자기 생각난
옛사람이 있나요?

어렸을 때 너랑 제일 친했던 혜원이 기억나?

할머니 냄새가 난다고 놀림 받던 너와는 달리 기분 좋은 향을 품고 있던 아이.

한 반에 6~7명도 안 되는 시골 초등학교여서 모두가 다 친했음에도, 그중에서 유독 너와 단짝이라며 붙어 다녔잖아. 그 당시엔 혜원이는 대체 왜 이렇게 날 좋아해 주나- 하고 의문이었는데 말이야.

그렇잖아. 그때, 네 성격에 먼저 다가가며 친해지자고 손 내미는 것도 잘 못 했고, 말주변 하나 없고, 무언가에 위축된 듯 반 아이들에게 큰 목소리 한 번 못 내는 재미없는 아이였잖아.

얼마나 답답했으면 애들이 너한테 제발 소원이니까 성 붙여서 이름 한 번 불러달라고 사정, 사정했던 것도 생각난다. 조혜원! 박진영! 이렇게 부르는 게 뭐가 그리 어렵다고…. 결국 소원이라는 말에도 끝까지 불러보지도 못하고 말이야.

그런 재미없는 너를 항상 데리고 다니며 뭐든 함께하고 싶어 했던 혜원이는 대체 무슨 마음이었을까.

혜원이의 엄마, 아빠도 참 웃겼어.

툭하면 날 제집에 재우고 태어나 한 번도 안 가본 온천에 데려가 남의 자식 때를 땀 흘리며 벗겨 내주고.
아, 처음 가본 레스토랑도 혜원이네 가족 외식에 꼽사리 껴서 가봤던 거 같은데….
그렇게 자주 나를 재워주고 허름한 우리 집으로 돌려보낼 때도 빈손으로 그냥 보낸 적이 없었지.
네가 뭐라고 그들은 그랬던 걸까?
다들 대놓고 말하진 않았지만 조금 위축된 널 동정했던 걸까? 하지만 단순히 어설픈 동정이라기엔 그들의 눈빛이, 웃음소리가, 온기가 너무 진실하고 따스하게 와 닿아서 하나도 부끄럽지가 않았던 것 같아.
가끔 남의 집에서 자고 오는 너에게 할아버지는 싫은 소리를 건네긴 했었는데, 아마 할아버지는 너와 다르게 약간은 미안하고 또 부끄러우셨나 봐.
그 마음을 들키기가 싫어, 어쩌다 보니 어린 네게 무서운 고함으로 가 닿았던 거지.
지금의 나는 그때를 생각해도 하나도 무섭지 않지만 난 너보다 스무 살은 더 나이가 많은 어른이잖아?
한없이 어린 네가 그 마음을 헤아리지 못하고 무서워

했던 건 당연한 거야. 그러니 마냥 미워하며 원망했던 그 마음을 너무 자책하진 않아도 돼.

그러다 1년 정도 네가 다른 곳으로 전학 가는 바람에 그렇게 친했던 혜원이와 떨어지게 됐잖아. 그때 떠나는 네게 친구들이 써준 편지를 읽으면서 엉엉 울던 얼굴이 아직도 선명하다.

어릴 때부터 하여간 이별에는 젬병이고 쓸데없이 눈물은 엄청 많았어, 정말.

그냥 갑자기 궁금해지는 거 있지. 그 어린 나이에도 누군가를 동정할 줄 알았던 그 마음이, 또 그 동정하는 마음을 예쁘게 사랑으로 가꿔서 건네줄 줄 알았던 그 아이가 생각이 났어. 그 어린 게 어쩜 그랬을까— 신기하다가도 혜원이의 부모님을 보면 그렇게 자랄 수밖에 없었구나… 싶기도 하고. 한편으로는 너도 그렇게 좋은 향이 가득한 집에서 나고 자랐으면 혜원이처럼 컸을까 궁금하기도 했어.

그래도 너무 주눅 들진 말고. 그런 마음이 당연하게 새겨지지는 못했을지언정 아주 천천히, 조금씩 예쁘고 따스한 마음을 가꿔나가는 중이니까.

어쩌면 지금은 어렸던 그 시절과 달리 네가 혜원이보다 더 예쁜 마음으로 잘 살고 있을지도 몰라.
아, 이런 생각을 하는 것 자체가 좀 못난 건가. 이놈의 자격지심은 말끔히 없어지지 않아서 말이지.
아무튼 언제라도 우연히 혜원이를 만나면 꼭 해주고 싶은 말이 있는데 말이야.
그냥 뭐 별건 아니고…. 위축되고 작았던 재미없는 너를 옆에서 웃게 해줘서 고마웠다고. 동정이 담긴 사랑을 주되, 네가 부끄럽지 않을 수 있도록 다독여줘서 참 고마웠다고 말해주고 싶어.
아, 아주머니에게도 그때 온천에서 시원하게 때 밀어주었던 것과 레스토랑에서 사준 돈가스는 아직도 잊지 않고 살아간다고, 정말 감사했다고도 말씀드리고 싶어. 그땐 네가 워낙 소심했어야지. 한 번도 고마움을 전한 적 없이 받기만 했던 것 같네.
그리고 정말 꼭 해야 할 말이 있는데….
그 마음을 받았던 기억 덕분인지 아직 많이 서툴긴 하지만, 훗날 누군가를 다독일 수 있도록 꽤 애쓰며 살아가는 중이라는 말도.

초등학교 때 유독 날 놀리던 웅찬이라는 아이가 있었다. 그땐 정말 너무 미웠었지만, 살면서 가끔 그 친구 생각이 한 번씩 난다.

한 반에 6~7명밖에 되지 않았던 우리 초등학교는 1학년부터 아니, 그 옆에 조그맣게 붙어있는 병설 유치원부터 쭉 같은 반이었다. 그렇게 일곱 살부터 항상 붙어 지내던 친구들과는 4학년 1학기가 끝나고, 다른 지역으로 전학을 가는 바람에 헤어지게 되었지만.

우리 반은 4학년 1반이라는 말보다 꽃잎 반으로 불리고 있었다. 꽃잎 반 담임 선생님은 내게 비밀로 하고, 나머지 반 친구들에게 날 위한 편지를 한 장씩 써주자는 깜짝 선물을 준비하셨다. 이제 이곳을 떠나는 내게 해줄 수 있는 마지막 선물이었다.

그렇게 마지막 날이 되었고 반 아이들은 몰래 준비한 편지를 건네주었다. 여자아이들은 그 당시 유행했던 mrk 잡지에서 오려낸 예쁜 편지지에, 남자아이들은 대부분 공책 한 장을 곱게 찢어 삐뚤빼뚤하게 쓴 편지였다. 그런데 그날 웅찬이는 지각을 했다. 안 그러던 친구가 늦었기에 왜 늦었냐고 선생님이 물으니, 가방에서 B4 크기만 한 봉투를 주섬주섬 꺼내었다. 이걸 만드느라 늦었다고 했다. 그건 나를 위한 선물이었다. 종이를 오리고 붙여 만들어낸 봉투와 색연필로 줄을 긋고, 그림을 그려 만든 편지지. 그 큼지막한 종이를 꽉 채워 써 준 편지였다.

초등학교 때부터 받은 모든 편지를 상자에 간직하고 있는데, 그 친구가 준 편지는 상자에 들어가지 않아 따로 보관하다가 잦은 이사에 결국 잃어버리고 말았다. 그 편지를 잃어버린 날, 서럽게 울었던 내 얼굴이 아직도 기억에 남아있다.
지금은 어디에 사는지, 어떻게 사는지 그 어떤 것도 알 방법이 없다. 가끔 SNS에 그 친구의 이름을 검색해보았지만, 아직 찾진 못했다.

그 외에도 궁금하지만, 어찌 사는지 알 수 없어 그리운 사람들이 참 많다.

- 유채꽃밭이며, 산이며, 바다에 데려가 수업하기 위해 우릴 다 태울 수 있는 큰 자동차로 바꾸셨던 윤수한 선생님
- 학원 하나 다니지 못하던 시절, 피아노를 가르쳐주던 차동교회 목사님 가족들
- 함께 학교놀이를 하며 올챙이를 잡으러 다녔던 6학년 보람 언니
- 별이 유독 밝은 날이면 별 파티를 하자며 우리 집 뒷마당에 함께 드러누워 있던 *빰빠야 멤버들.

> *빰빠야 : 2000년도 초반 각자 달, 별, 해, 구름 같은 것을 하나씩 담당한 정의의 용사(?) 그룹이었다.
> 활동 내역으로는 장군산 정상 찍기, 시골 동네 쓰레기 줍기, 잡초 다져서 천연 화장품 만들기, 지푸라기 위에서 뛰어놀기 등이 있다.

8.

오늘 우연히, 그러나 운명 같은

순간이 있었나요?

제주는 참 이상했다. 국내 여행임에도 비행기까지 타고 가지만, 그다지 특별한 게 없다 싶다가도 예상치 못한 울컥함 같은 걸 쥐여주기도 한다.

온도가 서울보다 한참은 따듯해서인지는 모르겠지만, 혼자 온 내게 다가오는 몇몇 사람들은 꽤 높은 기온을 가지고 있는 사람들이었다. 사람뿐만이 아닌 고요한 바닷가에서 들리는 파도 소리, 길 가다 우연히 발견한 무인 책방, 혼자 먹는 물회에 막걸리 한잔이 외로움이 아닌 낭만으로 느껴지는 식당의 분위기, 주인의 얼굴과 꼭 닮은 작은 가게들. 모든 것의 온도는 내가 평소 느꼈던 것보다 조금 더 뜨겁게 와 닿았다. 어쩌면 제주의 기온이 서울보다 항상 높은 까닭은 지리적, 기후학적 원인이 아닌 따듯하고 작은 것들이 모이고 모여 그럴지도 모르겠다는 생각을 했다.

막연히 위로가 필요하다고 갑자기 떠나온 이 제주에서 한 번에 괜찮아질 만한 큰 무언가는 없었지만, 작고 소소한 따뜻한 것들이 하나씩 모여 시나브로 괜잖아지고 있었다.
그런데 내내 나쁘지 않다가 가장 기대했던 마지막 날 엉망이 되고 말았다.

제주에 머무는 3일 중 이틀은 구름이 가득하고, 마지막 날 하루는 햇살이 쨍할 거라는 일기예보가 있었다. 그 말에 나는, 오전이었던 서울 가는 비행기를 늦은 저녁 비행기로 바꾸는 수고를 더했다. 광합성 하나만으로도 실컷 행복해할 자신이 있었기에, 다음 날 출근임에도 불구하고 늦게까지 제주에 있는 것쯤이야 충분히 괜찮았다.
그렇게 마지막 날이 되었고, 숙소 체크아웃을 하려고 짐을 싸는데 선물 받은 소중한 목걸이가 안 보이는 게 아닌가. 그 목걸이를 찾겠다며 몇 시간을 허둥대는 바람에 오전 계획을 허투루 다 날려버리고 말았다. 아점으로 먹으려던 돈가스를 늦은 점심으로 먹어야 했다. 그렇게 부랴부랴 돈가스집을 가기 위해 버스에 올랐는데, 그 순간 하늘에 구멍이라도 난 듯 비가 미친 듯이 쏟아지기 시작했다. 심지어 나는 우산도 없었다.

그래도 뭐 괜찮다고, 정류장 근처에 있는 편의점에서 우산을 사면 된다고 생각하며 버스에서 내렸지만, 정류장 근처에는 편의점은커녕 지나가는 사람조차 없었다. 그 흔한 택시도 나타날 기미가 보이질 않았고, 그렇게 한참을 서 있느라 정류장 안으로 잔뜩 튄 비에 신발이며, 바지며 다 젖고 말았다. 다 젖고 나서야 지나가는 택시를 잡아탈 수 있었다.

그런데 이게 끝이 아니었다. 택시를 타고 식당에 도착하니 야속하게도 날 기다리고 있는 건 바삭한 돈가스가 아닌, 〈오늘 영업 쉽니다〉라는 팻말이었다.

그걸 보는 순간 더는 '그래도 괜찮아!'라고 말할 수가 없었다. 어찌할 거냐며, 다른 맛집으로 가주냐고 묻는 택시 기사 아저씨의 물음에 이미 지쳐버린 나는 그냥 숙소로 돌아가겠다고 답했다.

그 택시 안에서 "이럴 줄 알았으면 예정대로 오전 비행기를 타고 서울로 돌아가, 내 방 침대에서 편히 쉴걸…."이라는 후회를 몇 번이나 곱씹었는지 모른다.

축축한 몸을 이끌고 숙소로 돌아왔지만 이제 어딘가 새로 가야겠다는 의욕도, 시간도 없었기에 공항이나 일찍 가서 쉬자며 맡겨놓은 짐을 챙겨 나왔다.
그렇게 공항으로 향하는 버스에 올라 멍하니 창밖을 바라보고 있는데 하염없이 쏟아지던 비가 잦아들고 있었다. 그 순간 또 고새 약간의 의욕이 생겨 냉큼 하차 벨을 누르고 말았다. 그곳은 함덕이었다.
배낭을 메고 돌아다니기 무리가 없을 정도로 잦아든 비에, 식당을 찾아 걷기 시작했다. 이미 꽤 젖어버려서 비가 얼마큼 오고 말고는 큰 의미가 없긴 했지만.
그렇게 해변을 걷다가 마침 브레이크 타임이 막 끝난 식당으로 들어가 조금 늦은 점심을 먹었다.
어쩌다 오게 된 식당치고는 여행을 오기 전 수첩에 빼곡히 적어놓은 맛집들보다 훨씬, 아니 이번 제주 여행 통틀어 가장 맛있는 한 끼가 되었다. 그러다 보니 조금 전까지 불만 가득했던 내 마음에 슬쩍 콧바람이 불어오기 시작했다. 기분 좋은 식사를 마치고 밖으로 나서니 더 이상 빗방울은 떨어지지 않았다.
골목을 걷다 아늑한 분위기가 가득한 카페를 하나 발견했다. 좋아하는 취향의 인테리어로 가득 채워져 있고, 고소한 커피와 달달한 케이크가 있는 공간이었다.

한참을 카페에 앉아있는데 처음 듣는, 그렇지만 단숨에 내 마음을 건드린 노래가 흘러나왔다. 카페 직원에게 제목을 물어볼 용기는 나지 않아, 핸드폰을 쥔 손을 천장 가까이 번쩍 들어 노래를 검색했다.
그렇게 찾은 노래의 제목은 환상약국의 〈Scarlet〉.
그 순간 창밖 너머로 거짓말처럼 햇볕이 내리쬐고 있었다. 나는 고민할 틈도 없이 얼른 밖으로 뛰쳐나왔다. 이어폰 속 흘러나오는 〈Scarlet〉을 들으며.
뭉게뭉게 떠 있는 구름과 반짝이는 바다와 살짝 노란 기가 감도는- 해 질 녘의 하늘 아래 서 있는 지금은 '완벽하게 행복한 여행'이라는 말 말고는 그 무엇도 떠오르지 않았다. 이 순간 하나만으로도 나는 제주에 오길 참 잘했다고, 안도하는 숨을 푹 내쉬었다.

언제나 그렇듯 낯선 길 위에서 만난 모든 사소한 순간은 충분한 위로가 된다. 그리고 그 위로는 항상 마지막이 되어서야 떠나기 싫을 이유를 건넨다.

내가 사랑하는 모든 순간은.

9.
가끔 당신을 괴롭히는
차가운 기억이 있나요?

서랍장 앞에 덩그러니 서 있는 4살의 네가 있고,
그 옆엔 걷지도 못하는 너보다 더 어린아이가 있고,
그 아이들의 눈앞에는 방 안이 꽤 어질러져 있고,
전화기였는지 무엇이었는지 모를 물건이 던져지고,
시끄러운 소리가 들린다.

그때 4살의 너는 울고 있었나. 아님, 익숙하다는 듯 멍하니 서 있었나. 그날의 장면은 기억나는데 이상하게 너의 표정은 기억이 나질 않아. 그저 울고 있었길 바라는 마음뿐이야. 울지 않았다는 건 그만큼 네가 그런 장면을 무뎌질 만큼 봤다는 게 되니까.

너는 어떤 아이였을까.
소문에 의하면 꽤 고집이 세고 성질을 부릴 줄도 아는 애였대. 어느 날은 팔이 부러져서 병원에 입원했는데 병문안을 오는 할머니에게 피자를 사 오라고 소리를 질렀다는 거야. 그런데 밤은 이미 늦었고, 피자를 살 수 있는 가게는 없었고, 어쩔 수 없이 할머니는 문을 연 빵집에 들어가 피자빵을 손에 쥐고 온 거지.

그런데 너는 할머니가 사 온 빵을 집어던지면서 피자가 아니라고 소리를 꽥 질렀다는 거 있지?
듣기만 해도 버르장머리가 없어서 내가 다 화가 나려는데, 그 얘기를 하는 할머니의 음성에 화는커녕 웃음이 묻어 나오는 걸 보면…. 아마도 네가 버르장머리는 좀 없었지만 딱하고 애틋했나 봐. 그래서 크게 혼내지는 않았던 것 같아.
그냥 내가 궁금한 건 넌 어떤 아이였길래 그 누구도 간절히 원하지 않았던 걸까.

영화 〈결혼 이야기〉를 보면 이혼을 앞둔 부부가 아이에게 밉보일까 봐, 자신이 아이를 키우지 못하게 될까 봐 겁먹은 모습이 나와. 어른들은 아이에게 선택권을 쥐어주고는 그 아이의 선택을 굉장히 궁금해하거든.
그런데 왜 너에게는 아무도 누가 더 좋은지 묻지 않았냐는 거야. 어째서 너에겐 선택권이 없었을까 하는 의문을 품었어. 그러면서 한편으로는 고작 영화에 나오는 아역배우일 뿐인 그 아이에게 치기 어린 질투도 품었지. 사무치게 부러운 거야.

"넌 좋겠다. 누군가 널 간절히 원하고 있어서."하고.
참 유치하지?
한때는 어려서 결정할 수 있는 능력이 없었다고 생각했는데, 지금 와서 생각해보면 네가 선택할 수 있는 갑의 입장은 아니었나 봐. 원래 더 사랑하는 쪽이 을이 된다잖아. 그때의 너는 네 마음대로 아무것도 할 수 없는, 철저한 을이었던 거지.

그 시절 베인 습관 때문에 다 큰 내가 아직도 사랑을 하면 을이 되는 걸까? 참 이상한 게 그때의 너보다 키가 몇 배나 커버린 나는, 혼자일 땐 괜찮은데 누군가 옆에 있으면 어쩌다 모자란 사람이 되거든.
자꾸 스스로를 을로 만들곤 해.

하지만 너무 걱정은 마.
이제 조금씩 스스로를 더 아끼고
예뻐해 주는 방법을 배우고 있어.
그때 베인 습관을 느리지만,
치열하게 지워내는 중이야.

내게 달려들었던 그 모든 말들은 가시가 달려 쉴 틈 없이 나를 찔러댔다. 피가 철철 나도록 깊게 쑤셔대진 않았지만, 수없이 찔린 얕고 자잘한 상처는 이내 덧이 나 손을 쓸 수 없게 되었다. 치료는 의미가 없어졌다는 것이다. 많은 시간이 지나고 기대하지도 않았던 사과의 말과 위로의 말들이 가시를 감추고 내게 달려들었다. 기대하지 않은 고마운 것들은 대게 감동을 주지만 때론 이유 모를 위화감을 주기도 한다. 전혀 고맙지 않지만 고마워해야 할 것만 같은 이상하고 찝찝한 감정을 함께 건넨다. 그건 싫은 걸 싫다고 제대로 말하는 방법을 몰랐던 나에겐 꽤 고문 같은 일이었다. 그래도 모든 것은 대부분 시간이 지나감에 따라 괜찮아졌다. 완벽하진 않지만 그래도 최소한 연연하지 않는다고, 조금 아무렇지 않은 듯 말을 할 지경에 이를 수 있었다.

그럼에도 내가 아무렇지 않을 수 없었던 건 이해를 바라는 것도 모자라 용서를 구하는 태도였다.

나는 무엇이 되었든 간에 용서를 한다는 것은 감히 살아가는 삶 안에서 가장 어려운 일이라고 생각한다. 그런데 가뜩이나 그 어려운 일을 가르쳐 주는 이 하나 없이 바라는 이만 있다는 건 날 어지럽히기 충분한 이유가 되었다. 어찌 용서를 바랄 수 있느냐고 상대방을 탓하는 듯싶다가도 결국, 그걸 너그러이 받아들이지 못하는 스스로를 자책하게 되는 것. 그건 정말 아무리 애써도 아무렇지 않을 수가 없었다. 누군가가 나를 갉아먹는 것도 견디기 벅찬 와중에 내가 나를 갉아먹어 생긴 상처는 유독 쓰리고, 그 쓰린 여운은 더욱이 길었다.

그래도 하나 분명한 것은 그럼에도 좋아한다고 말할 수 있는 것들이 꽤 생겼다는 것이었다. 나를 울게 하는 아프고 슬픈 기억이 분명하나 그럼에도 그 모든 상처를 기분 좋은 온기로 보듬어주는 따뜻한 기억 같은 것. 그게 모두 별거 아닌 하찮은 것들이라 할지라도, 생각해보면 나를 웃게 하는 것은 항상 대단하지 않은 사소한 순간이었다.

10.
그럼에도 나를 따뜻하게
해주는 것들은 무엇인가요?

하나, 마음을 울리는 따끔한 문장들

둘, 내가 사랑하는 사람들의 목소리

셋, 별거 아닌 것에 웃고, 떠들며 먹는 맛있는 음식

넷, 해가 지는 노을을 가만히 바라보는 순간

다섯, 가끔 내가 넘어질 때
      아무렇지 않게 일으켜주는 손길

여섯, 달짝지근한 밤의 온도

일곱, 곁에 있어 준다는 이유만으로도
      위로가 되는 존재들

여덟, 아랫목에 앉아 먹는 할머니의 밥

아홉, 그리워할 수 있는 그 어느 날의 장면

열, 내가 살아있음에 감사하고
    당신이 살아있음에 고마운 하루

11.

오늘 당신이 용기 내서
한 말은 무엇인가요?

모든 괜찮아짐은 대게 시간이 지나가는 것에서 시작된다. 시간이 지나가지 않은 상태라면 제아무리 스스로 괜찮다고 떠들어도 그건 잔잔하지 아니하고, 언제 다시 요동칠지 모르는 불안정한 안정에 중심을 잡고 서 있을 뿐이다. 그러니 시간이 약이라는 말이 우리네의 주변에 법이라도 되는 듯 스며들어 있지 않나. 그렇다고 지나가는 시간 안에서 가만히 있는다고 마냥 나아진다는 것은 아니다.

발악하고, 충분히 아파하고, 이 시간이 지나가긴 할까에 대한 끝없는 의심을 토해내며 무엇인지 모를 것에 원망을 쏟아부어야만 비로소 우리는 괜찮아짐에 다다를 수 있다. 그리고 그 과정 안에서 때때로 작고 따스한 것들을 품어주는 것도 중요하다.

의심은 가되 괜찮아질 거라는 약간의 희망, 이 아픔이 지나고 나면 내가 조금 더 단단한 사람이 되어 있을 것이라는 기대, 다시 웃게 할 무언가가 예상치 못하게 다가올 것이라는 설렘 같은 것들.

아프다는 소리를 제대로 내보지 못했던 나는 목소리를 내는 대신 책에 끄적이는 걸로 대신해보았다. 상처를 드러내는 것이 부끄러웠던 내가, 가장 아프다고 말해야 할 사람에게 그러지 못했던 내가 아직도 직접 말을 할 용기는 없지만, 글을 쓸 용기는 생겨 끄적인 것이었다. 책을 읽은 가족들이 아마도 읽은 지 한참은 지나서야 통화 건너 조심스러운 목소릴 건넨다. 낯간지러운 칭찬은 일단 정말로 해야 할 말을 꺼내기 위한 밑바탕으로 둔 채, 참 미안하다고. 몰라줘서 정말 미안하다고.

이제는 괜찮아서 글을 쓰는 거라고 책에 옮기면서도 마음 한구석에 응어리져있는 어찌할 수 없는 감정 하나가 있었는데, 미안하다는 그 말을 들으니 이제야 정말로 괜찮은가 싶었다. 그 말에 "뭐, 알면 됐어."라며 괜히 퉁 하는 대답을 뱉었지만, 그건 정말로 내가 괜찮아서 할 수 있는 대답이었다.

때때로 상처받으며 살아가는 우리에겐 아프다고 말할 수 있는 용기가 필요하다. 말하지 않은 아픔은, 괜한 자존심과 쓸데없는 오기로 덮는 상처는, 분명 사라지지 않고 곪아 썩은 내가 난다. 하지만 꺼내 보인 상처는 필히 타인에 의해서든, 자기 자신으로부터든 어루만져지게 되어 조금은 덜 아프게 될지도 모른다. 아프다고 울 수 있는 건 나약함이 아닌 이다음에는 웃을 수 있을 거라는 그 어떤 희망을 갖게 하니까.

우리는 괜찮다가, 아파하다가, 또다시 괜찮아짐을 맞이하며 어떻게 보면 무뎌지는, 또 어떻게 보면 단단해지는 사람이 되어간다. 무뎌짐에 씁쓸해하는 것도 단단함에 으스대는 것도 괜찮다. 그저 어찌 되었든 살아가는 시간 안에서 괜찮다고 말할 수 있는 순간이 있음에 다행이라고, 그렇게 다독인다.

12.

오늘 혼자서 무엇을 했나요?

함께하는 즐거움도 좋지만 혼자 있는 외로움에서 얻을 수 있는 것은 분명하다. 혼자만의 시간은 타인에 대한 배려와 다른 이의 의견 없이 오로지 나만의 취향을 알 수 있는 시간이 된다. 취향을 알아가는 일은 생각보다 정말 중요하다. 취향이 없는 사람은 '좋다-'라는 말을 내뱉을 수 없이 그저 남들이 정해놓은 숨 막히는 기준에 간신히 숨을 쉬며 살아가게 될지도 모른다. 간신히 숨이라도 쉬면 다행일 수 있는 삶을 살아가게 될지도 모른다.

내가 살아가는 이 삶은 나의 취향으로 가득 채워줘야 한다. 크고 작은 오늘의 순간에 개인의 취향을 조금씩 물들이게 되면, 그렇게 취향 가득한 삶을 살아가게 되면, 타인의 기준으로 자칫 무너질 수 있는 날에 혼자의 힘으로 일어날 힘이 생기게 된다.
그러니 우리는 때때로 혼자여야 한다. 혼자인 시간을 애틋하게 여겨 나의 취향을 열심히 주워 담아야 한다.

―――――――――――

혼자인 시간이 생겼다는 건, 온전히 '나'를 사랑할 기회를 얻는 것이다. 나보다 나를 더 사랑해 줄 사람이 없다면 그 참담하다 여겨지는 사실에 사로잡혀 원망할 바에야 그냥 나를, 내가 제일 사랑하면 그만이다. 우리가 외로운 이유는 혼자여서가 아닌, 혼자를 사랑하지 못해서이기도 하니까.

괜찮을 거라는 믿음
지금 웃을 수 있음에 다행이라는 안도
살아 숨 쉬는 것에 대한 감사

그럼에도 자만하지 않고 애쓰는 마음

〈나를 사랑하는 방법〉

13.

오늘 누군가와

함께 한 일이 있나요?

나는 몇몇 단어에 온기를 느끼곤 하는데 그중 하나가 '함께'이다. 무언가를 행할 때, 어딘가로 떠날 때, 새로운 것에 도전할 때 '함께'라는 말만 붙이면 그 문장이 훨씬 안정적으로 와 닿는다. 또한, 그 어떤 대단하고 거창한 말보다 그저 별거 아닌 것에 '함께'라는 말만 붙이면 왜인지 모르게 그 의미는 더욱 특별해진다. 그러니 위로가 절실히 필요한 어느 순간에 단지 함께 있어 준다는 이유만으로도, 그렇게 아무것도 없이 그저 곁을 채워주는 것만으로도, 충분히 마음을 달래줄 수 있다는 것이 가능한 일이 된다.

가끔 분명한 이유 없이 생각이 정상적인 수치를 넘어서 머리가 아파질 때가 있다. 보통 막연한 불안함과 원인 모를 공허함이 이유가 되곤 한다. 그리고 며칠 동안 잠 못 이루며 지내 온 이 시기를 아무 일도 없던 듯 넘길 수 있었던 건, 할머니와 함께 보낸 크리스마스 덕분이었다.

할머니는 신기하게도 내가 마음이 조금 어려울 때를 귀신같이 알고 내 곁을 채워주러 온다. 툭하면 삭신이 쑤셔 잠도 안 온다는 할머니는 고속버스를 타고 서울로 오는 길에 가방 무겁게 밑반찬을 잔뜩 챙겨왔다. 어깨 아프게 뭘 이렇게 무겁게 들고 왔냐는 내 말에 하나도 안 무겁다는 말도 안 되는 거짓말을 하면서.

우리가 보낸 크리스마스는 별로 거창할 건 없었다. 이브날은 내 퇴근 시간에 맞춰 올라온 할머니와 집에 도착해 늦은 저녁으로 족발을 시켜 먹었고, 나름 분위기 낸다며 저렴한 와인도 한잔 걸쳤다. 그렇게 부른 배를 쥐고 오늘은 둘이라서 더 포근한 이불을 덮고 잠이 들며, 이브의 밤은 저물었다. 크리스마스라고 하기엔 화창하고 따스한 날이 밝았다. 장판의 뜨듯한 온기가 남아있는 침대 위에 나란히 누워 한참 동안 할머니와 수다를 떨었다. 얼핏 들으면 별 의미 없는 대화였지만, 그 안에는 분명 나를 사랑하는 할머니의 마음이 잔뜩 들어있음에 틀림없었다. 그게 아니라면 그저께까지만 해도 답답하고 어려운 마음이 들어 머리가 아팠던 내가, 생각 없이 툴툴 내뱉은 투정 하나로 괜찮아진 감정을- 달리 설명할 길이 없으니까.
장판 위에서의 게으름을 거둬내고 후딱 나갈 채비를 한 뒤 할머니가 사주는 파스타를 먹으러 갔다. 예쁘고 맛 좋은 카페에서 따뜻한 커피도 한 잔 마셨다. 지나가다 눈에 띈 '1등 당첨 많이 된 집'이라고 쓰인 로또 판매점을 발견해, 할머니의 주머니에 있던 만 원짜리 지폐로 로또도 두 장 사보았다. 비록 후에 로또는 당첨되지 않았지만, 오늘 하루는- 우리가 함께 보낸 소소한 크리스마스는 꽤 진하게 어딘가 새겨지고 말았다. 그만큼 오래 기억될 것임을 예감하고 말았다.

계절이 반대인 나라에서 몇 해를 보내고 오는 바람에 오랜만에 맞이한 겨울의 크리스마스가,
지난 한여름의 크리스마스보다 따뜻했던 이유는
우리가 '함께'였기 때문이었다.

14.

오늘 생각지도 못하게 받은

연락 한 통이 있나요?

내가 만든 첫 번째 책인
〈사소하고 별거 없는 모든 순간에게〉
를 읽은 할머니의 시골 동네 친구분으로부터 생각지 못한 편지 한 통을 받았다.
한없이 부족한 그 책에 밑줄까지 치면서 문장 하나하나를 꼭꼭 곱씹으며 읽으셨다는 그분은, 꼬깃꼬깃한 봉투에 손수 써 내려간 편지와 만 원짜리 7장을 함께 보내셨다.

"축하합니다."

부모님 사랑을 듬뿍 받아야 할 시기에 장군 산 아래 할머니 품에서 어렵게 자란 채은이가 이렇게 대견스럽고 또 보람 있는 책을 출판하게 된 것을 진심으로 축하하며, 격려하는 맘으로….

할머니가 건네준 책을 읽어보며 어딘가 모르게 마음이 찡하고 대견스러운 생각에 눈물을 많이 흘렸어.

긴 여행을 통해 자존감도 생겼고, 사랑하는 마음도 풍부해지고, 무엇이든지 할 수 있다는 용기가 생겼으니 얼마나 좋은 일인가.

앞으로 나는 행복한 사람이다 생각하고 열심히 감사하며 살면 좋은 일만 있을 거요.

힘들고 어려울 때 감사하다 생각하면 감사할 조건이 자꾸 생기는 법이라오.

책 제목과 같이 사소하고 별거 없는 모든 순간에 사랑과 감사로 산다면 삶이 행복해질 것이네요. 항상 뭐든지 긍정의 힘으로 이겨낸다면 앞날이 훤해지는 훌륭한 작가가 될 것이라 믿네요

                    2019년 12월 22일. 정숙 아줌마

생각지도 못하게 받은 편지 한 통에 코끝이 찡해짐을 주체할 수 없었다. 애틋한 감정을 품으면서도 어쩔 수 없이 새어 나오는 초라함에 가끔, 아픈 마음을 달래느라 힘이 들기도 했는데….
이 편지 한 통으로 모든 어려운 마음이 괜찮아지고 말았다. 마음이 담긴 글에는 정말 생각보다 큰 힘이 있다는 것을 다시 한번 깨닫는 순간이었다.

어쩌면 당연한 말이지만 자주 까먹고 마는

"앞으로 나는 행복한 사람이다 생각하고
열심히 감사하며 살면 좋은 일만 있을 거요.
힘들고 어려울 때 감사하다 생각하면
감사할 조건이 자꾸 생기는 법이라오."

라는 말을 몇 번이나 읽고, 또 읽었다.
한참을 내 마음 한 부분에 새기고, 또 새겼다.

15.

오늘 당신이 품은
아쉬운 마음이 있나요?

〈하나의 해를 보내는 일,
새로운 해를 받아들이는 일에 대하여〉

덜어지고, 또 덜어진 만큼
채워진 수많은 감정들이 있었고-
스쳐 가고 또 오래 머물게 된 수많은 인연이 있었고-
울고, 또 그만큼 웃던 수많은 순간이 있었다.

어디가 처음이고 또 언제가 끝인지에 대한 말들은 무수하나, 어찌 되었든 무언가 새로이 시작된 처음과 아쉬움으로 맞이하는 마지막이 담긴 하나의 해를 지난다는 것은 꽤 많은 의미가 있다.
흐트러진 마음을 다시 일어서게 할 핑계를 주기도,
나이를 먹는 어른이 되어감에 강해질 용기를 주기도,
그에 비례하게 이제 다시는 어리광을 피우지 못하게 될 거라는 압박에 두려움을 주기도,
그럼에도 불구하고 시간이 지나감에 따라 무언가를 하나씩 담아내는 스스로를 애틋하게 여길 기회를 주기도 한다.

한 해, 한 해가 지나갈수록 새겨지는 무언가가 있다는 것은 그저 지나가는 시간 안에서 순간을 붙잡을 수 있는, 꽤 낭만적인 능력을 주기도 하고.

그러니까 우리의 흘러가는, 지나가는 하나의 삶은 어쩌면 어떻게 살아가야 하는가 보다, 어떻게 새겨야 하는지가 더 중요한 숙제일지도 모른다.

모든 것을 기억할 수는 없겠지만 최대한 많은 것을 기억하기 위해-
최선을 다해 하나씩 새긴 많은 순간이
가끔 예고 없이 빠르게 흐르는 삶을 붙잡을 수 있길
바라는 마음으로.

계절의 온도에 맞는 새로운 옷을 꺼내고, 지금에 어울리는 맛있는 음식을 먹고, 때에 따라 변하는 하늘의 색깔을 바라보는 것은 우리가 하나의 해를 살아가는 데 있어 꽤 중요한 일일지도 모른다.

입춘이 오면 시장에서 나물을 사다 무쳐 먹고, 춘분에는 꽃이 피었나 산책을 나가보고, 망종에는 화분을 하나 심어보고, 대서에는 삼계탕으로 몸보신을 하고, 처서가 오고 더위가 가면 선선한 바람을 가만히 느껴보고, 상강이 지나가기 전 붉게 물든 단풍을 보러 산에 올라보고, 입동이 오면 천천히 겨울을 준비하고, 동지에는 가장 긴 밤에 오래 머물러보고.

이 별거 없고 익숙한 일상을 특별하고 애틋하게 여기기 시작한다는 건 살아가는 것에 대한 소중함을 알아가는 중이라는 말이 되기도 한다.

그러니까 무언가 갑자기 나의 당연한 것들을 앗아갔을 때, 조금 덜 후회할 수 있는 유일한 방법은 당연하게 주어진 삶을 당연하지 않게 여길 줄 아는 것일지도 모른다.

16.

오늘 품은 그리운 마음이 있나요?

'나이 먹어서 그렇다-'라는 말을 좋아하는 편이 아니었다. 내가 지키며 살아가는 나의 소신과 신념에 "네가 아직 어려서 그럴 수 있는 거야."라던 누군가의 말이 듣기 싫은 고집이었나. 그 앞에선 "절대 그렇지 않아. 난 나이를 먹어도, 시간이 아무리 많이 지나도 지금의 마음을 지키며 살아갈 거야."라고 말했다.
그런데 살아가는 날이 조금씩 길어짐에 따라, 그리고 느껴보지 못했던 감정을 경험해봄에 따라 나는 조금씩 달라지고 있었다. 그리고 참 우습게도, 인생의 절반도 살아보지 못했으면서 "이게 어쩔 수 없어. 나이 먹어서 그래."라는 이상한 핑계로 절대 변할 리 없다던 그때의 마음을 애써 변명하고 있었다.

    사람과의 관계에서 굳이 따지고 들 것 없이, 나에게 다가오는 그 마음 하나만으로 받아들이던 시절이 있었다. 그 누군가는 "넌 사람을 너무 좋아해서 탈이야."라고 말할 만큼 쉽게 인연을 맺었던 나는, 이젠 개인적인 취향이나 가치관에서 벗어난 사람을 마주하게 되면 애써 알아가려 노력하지 않게 되었다.

예전에는 '알고 보면 다를지도 몰라.'라는 기대를 갖고 스스럼없이 다가갔지만, 이젠 머리가 좀 컸다고 '그냥 딱 보면 알지.'라는 거만을 떤다. 핑계를 대자면 관계에 즐거움을 느끼던 내가 관계에 피곤함을 경험하게 됨으로써, 개인적인 판단으로 내려진 뻔히 보이는 결말에는 시간과 감정을 쏟는 일에 거부감을 느끼게 된 것이다.

직장을 다니면서도 그렇다.

예전에는 직장에서 맺은 관계들과 오늘 점심은 무얼 먹을지가 가장 중요한 하루의 일과였다. 하지만 지금 얻은 직장에선 6개월이 지난 오늘까지 '같이 점심 먹어요.'라고 말할 관계조차 만들지 않았다. 근무환경 특성상 혼자 일하는 곳이어서, 애초에 금방 그만둘 생각으로 일을 시작하기도 해서 그렇긴 하지만, 그래도 예전의 나라면 달랐을 것이다. 근무 환경 탓이라는 핑계는 뒷전이고, 일주일만 하는 단기 아르바이트를 하면서도 사람들과 관계를 맺기 위해 꽤 노력했을 것이다. 그리고 그 잠시 맺은 인연에도 평생을 함께할 것처럼 온 마음을 다했을 것이다.

그냥 문득 그 마음이 그립다는 생각이 들었다.
그때의 나는 어쩜 그렇게 관계에 피로감을 느낄 새도 없이 사람을 좋아했을까- 하고. 그때의 나는 지금보다 더 하얗고 깨끗한 마음을 가지고 있었을까- 하고.
그래도 나는 그 시절의 나를 그리워하면서도, 오늘의 나를 더 사랑한다고 말한다.
그 이유에는 변해가는 모습에도 '그래도 여전해.'라고 말해주는 소중한 사람들 때문이겠지. 이젠 쉽게 새로운 관계를 맺진 못하지만, 그만큼 이미 맺어진 관계를 돌아볼 시간이 더 많아졌으니까. 그리고 그 관계는 점점 더 단단해질 것이며, 그 단단해진 관계는 그때의 나와 지금의 나를 여전히 사랑해주니까.

나이를 먹어감에 변했다는 말보다는
그저 점점 커가는 중일 뿐이라고.
새로운 것에 설레하는 마음의 빈도는 줄었지만
익숙하고 당연한 것을
더 소중히 여길 줄 아는 마음이 자랐으니,
잘 크고 있는 중이라고.

17.

오늘 깨달은

나의 사소한 장점은 뭐예요?

새해가 밝았다. 올해는 나름대로 새로운 일들을 이것저것 하겠노라 다짐한 탓인지, 아니면 이십 대의 마지막이라 그런지, 새해를 맞이하는 마음가짐이 남달랐다. 뭐 거창한 그런 건 아니고, 그저 하나의 해를 맞이하는 감정이 조금 더 유난스러웠다고 해야 할까.

 신년이라는 핑계로, 사주를 보러 갔다. 정말 신년이라는 건 핑계고 난 원래 초등학교 때는 심리 게임책, 중·고등학교 때는 타로카드 점, 이십 대 중반이 되고 나서부터는 점이나 사주 같은 거에 관심이 많았다. 그렇다고 그 말을 지극히 맹신한다기보다는 가끔 무언가에 확신이 필요할 때, 그곳에서 들은 말을 나에게 유리한 쪽으로 해석하고 위안 삼는다. 다행스럽게도 아직까진 내가 유리한 쪽으로 해석할 수 없을 만큼 '안 좋아' 혹은 '절대 안 돼'와 같은 극단적인 말을 들은 적은 없다.

약간 어려운 감정으로 마무리한 지난해에 간신히 안녕을 고하고, 괜스레 다 잘 될 것만 같은 새로운 해에 안녕을 건넸다. 그 감정이 괜히 나온 것이 아닌 듯, 신년이라는 핑계로 본 사주에는 좋은 말들이 잔뜩이었다. 올해는 정말 잘 될 거라고. 그리고 내게 지난 몇 년이 참 힘들었을 거라고 말했다. 열심히 살아왔지만 모든 것이 나아질 기미가 없는 막막한 시간을 보냈을 거라면서. 그럼에도 내가 마음을 즐겁게 쓸 줄 아는 사람이어서 힘들었던 지난 시간을 잘 지나왔다고, 다른 사람이었으면 마음에 병이 나고 말았을 거라고 말했다. 사주나 점 같은 걸 맹신하는 건 아니라 하면서도 이런 좋은 말을 들으면 나도 참 간사하게 맹신하게 된다. 아니, 맹신하고 싶어지는 걸까. 그리고 이럴 때만큼은 자만해도 괜찮겠다 싶어 홀랑, 그러고 만다.

*"맞아. 난 정말 사소한 것에 행복을 느낄 줄 알고
마음을 즐겁게 쓰는 법을 알아."하고.*

고등학교 때 원인 모를 눈물이 툭하면 새어 나와 생전 처음 정신병원을 간 적이 있었다. 나이가 지긋한 할아버지 의사 선생님은 내게 '감정의 격차가 너무 커서 그걸 감당하기가 벅차서 그렇다.'와 같은 결론을 내주셨다. 심각한 것은 아니니 안정될 수 있는 약을 하나 지어주겠다고, 밥 잘 먹고 약 잘 먹으면 별거 아닌 것처럼 다시 괜찮아질 거라는 나를 달래는 말도 잊지 않으셨다. 아직도 정확한 이유는 모르겠지만 원인 모를 눈물이 주체할 수 없이 새어 나오게 된 그 시작은 기억한다.

같은 반 친구들이 우리 집에 놀러 와 하룻밤 함께 자는 주말이었다. 우리 집보다 더 좋은 친구 집에서 자 보기만 해봤지, 집이 조금 부끄러워 거짓말로 숨기고 살았던 탓에 생전 처음 있는 일이었다. 누군가를 나의 공간으로 초대한다는 것은 꽤 두려우면서도 벅찬 감정이었다. 무엇을 먹고 무슨 이야기를 하며 떠들었는지는 기억나지 않지만, 그 다음날은 아직도 선명하다. 이상하게 잠에서 헤어나오지 못한 아침이었다.

친구들은 해가 뜬지 한참이 지나도 일어날 기미가 보이지 않는 나를 가만히 두고, 조용히 각자의 집으로 돌아갔다. 그날 나는 오후 2시가 넘어서야 눈을 떴고 눈을 뜨자마자 발견한 건 친구들이 남겨놓은 쪽지 한 장이었다. '너무 잘 자고 있어서 안 깨우고 그냥 가. 내일 학교에서 보자!'라고 쓰여있는.
쪽지를 읽었던 그 순간을 기억한다. 깊숙한 시골에 있던 우리 집 베란다 밖에선 밭을 가는 소리 혹은 밭에 무얼 심는 소리 같은 것이 집 안으로 들어오고 있었고, 일요일 오후 특유의 햇살과 고요한 듯 따듯한 공기가 집 안을 가득 메우고 있었다. 지금은 내가 정말 좋아하는 일요일 특유의 분위기가 가득했음에도, 그 당시엔 발아래 깊숙한 어느 부분에서부터 익숙하지 않은 외로움 비슷한 감정이 훅 밀려와 나를 덮쳤다.

그리고 이 어찌할 수 없는 외로움과 적막함에 내가 할 수 있는 건, 오로지 우는 것뿐이었다.

텔레비전이 꺼져있어 그런가 싶어 좋아하는 프로그램인 무한도전을 틀어보았지만, 깔깔거릴만한 웃긴 장면이 나와도 나는 내 의지와 상관없이 울고 있었다. 내 감정에 의해서가 아닌, 슬픔의 이유조차 모른 채 흐르는 눈물은 태어나 처음이었다.

그게 시작이었다. 학교에서 수업을 듣다가도, 쉬는 시간에 친구들과 떠들다가도 이상한 감정은 예고 없이 훅 밀려와 날 화장실로 뛰어가게 만들었고, 그나마 사람의 온기가 가득한 학교가 끝나고 집으로 가면, 그 이상한 감정은 더할 나위 없이 날뛰었다.

그렇게 며칠을 보내다가 찾아간 병원이었다. 그 당시엔 나중에 사회 생활하면 정신병원 검사기록이 남아 피해를 볼 거라는 말들이 떠돌았었는데, 그런 이상한 취급을 받으며 병원으로 향하는 발걸음엔 두려움이 가득했다. 그렇다고 그 두려움 때문에 참고 견딜만한 상태는 되질 못 하였다.

다행히 할아버지가 쥐여준 꽤 많은 양의 알약을 다 먹고 나서였나, 아니면 그보다 더 많은 시간이 흐르고 나서였나. 아마 나는 괜찮아졌던 것 같다. 그 이후로도 많이 울긴 했지만, 그건 명백한 이유가 있는 눈물이었기에 병 때문에 우는 것이 아님은 분명했다.

이렇게 한때는 뜬금없이 마음의 병을 앓았던-
한참을 그저 울기만 하던 내가, 어릴 적부터 학교에선 '나의 장점'을 쓸 일이 꽤 있었지만 항상 채우지 못하던 내가, 이제는 누군가에게 마음을 즐겁게 쓸 줄 아는 사람이라는 말을 듣다니. 또 그 말을 듣고 의문을 품는 것이 아닌 염치없이 인정해버리다니, 참 웃기는 일이다.

누군가는 그런 것도 장점이라 할 수 있는 거야?
라고 물을 수도 있겠지만,
어찌 되었든 스스로를 사랑할 줄 몰랐던 내가 스스로의 좋아하는 부분을 찾아냈다는 것은
아마 시간이 조금 더 지나면 날 온전히 사랑하게 될 수 있을 거라는 희망이자,
그만큼 다른 누군가를 아주, 잘 사랑하게 될 수 있을 거라는 기대를 갖게 한다.

18.

당신의 단점은 무엇인가요?

나는 적당히 상처가 있는 사람을 좋아한다.
아니, 상처 없이 깨끗한 사람을 꺼린다고 해야 하나.
상처 없는 사람은 굳이 말하지 않아도 티가 난다. 반대로 상처가 있는 사람 또한 아무리 감추고 가려도 티가 난다는 말이 된다.

어린 시절 나는 흠을 보이기 싫어 온갖 거짓말로 스스로를 꾸며가며 자라왔다. 그 거짓말들은 정말 터무니없고 말도 안 되는 것들이어서 지금 생각해보면 창피함에 얼굴이 달아오를 지경이지만, 그 당시엔 그렇게 하면 다 가려지는 줄 알았었다. 내 꾸며진 거짓말을 들은 친구들은 속았을까? 아니면 속은 척을 해줬던 걸까? 아직도 모를 일이지만…. 그때부터 내가 불편해하는 부류가 있는데 바로 '상처 있는 척'하는 사람 그리고 '주저앉아 울어본 적 없는 사람'이다.

상처 있는 척하는 사람이란, 내가 만나 본 사람 중에서 예를 들자면 누군가를 만나서 털어놓게 되는 상처가 아닌, 상처를 털어놓음으로써 관계를 맺으려는 사람을 말한다. 그러니까 불리한 상황에 놓였을 때나 필요한 관계가 생겼을 때, 자신이 유리해지기 위해 거짓 아픔을 만들어내는 사람들. 거짓 행복을 만들어내며 자라온 내게 그들은 자연스럽게 불편한 존재가 되어버렸다.

나의 섣부른 자만일 수도 있겠지만, 어쩐지 내겐 그런 '척'하는 상처들은 대부분 티가 났다. 거짓 아픔을 듣고 있자면 마음으로 이해하기도 전에 몸에서부터 거부반응이 일어났다. 잘 들리지가 않았다. 귀 기울여지지 않았다는 말이다. 그렇게 들리지 않는 이야기는 마음으로 갈 턱도 없이 허공에 빙빙 돌 뿐이었다.

주저앉아 울어본 적 없는 사람이란, 단순히 울어보지 못했던 사람 전부를 말하는 게 아니다. 주저앉아 울어본 적도 없으면서 나처럼 용기를 내면 할 수 있다고 웃으며 다가오는 사람들. 그러니까 주저앉아본 적도 없으면서 일어나는 방법을 알려주는 사람과 울어본 적도 없으면서 웃는 방법을 알려주는 사람을 말한다. 그런 사람들이 하는 멋있는 말은 단 하나도, 위로로 와 닿지 않았다. 배가 아파 그랬던 걸까.

내가 만약 상처 하나 없고 불안함에 떨지 않아도 되는 삶을 살아왔다면 조금 달랐을까- 하는 생각도 들었지만, 그렇다고 그들과 삶을 바꾸고 싶다기엔 지금의 내가 적당히 괜찮았다.

무너질 듯하지만 무너지지 않는 다짐이, 쉽게 울지만 또 쉽게 웃을 수 있는 그 마음이 참 애틋했다. 게다가 함께 울어줄 수 있는 소중한 사람이 곁에 충분하다는 건, 나는 초라할지라도 내 삶은 초라하지 않다는 걸 증명해줬으니까.

내가 독립출판을 하게 된 가장 큰 이유는 조금 못나긴 하지만 삐뚤어진 자격지심에서 나왔다. 내 이야기를 책으로 만들고 싶다는 마음을 품고 살아가던 중 지인으로부터 책을 출판하게 되었다는 소식을 들었다. 내 꿈을 듣기만 하던 그가, 먼저 그 꿈을 이루게 된 것이다. 아- 그에겐 꿈이 아니었으니 이뤘다는 말은 어울리지 않나. 그는 해외로 유학을 떠날 계획을 세우고 있었는데, 유학을 채 떠나기도 전에 출판사와 계약을 맺었다고 했다. SNS에서 유명했던 그가 올린 '곧 유학을 떠나요.'라는 게시물을 본 출판사로부터 그곳에서 일어날 이야기를 책으로 만들고 싶다는 제의를 받게 되었다고.

이건 SNS에 그가 쓴 좋은 글이 있어서도, 그가 직접 출판사에 투고를 해서도 아니었다. 그저 유학 이야기를 책으로 만들고 싶던 출판사의 눈에 팔로워가 많은 예비 유학생이 보였기 때문이었다.

글재주가 없던 그의 책이 세상에 나오고 책은 정말 많은 인기를 얻었다. 그래서 더 배가 아팠다. 글을 잘 쓰는 것에 대한 치기 어린 질투는 존경으로 이어지지만, 이건 어디로 이어져야 할지 모를 질투심이었다. 나는 배가 아프지만 축하한다 말했고 축하한다 말했지만, 책은 사지 않았다.

내게 글을 읽는다는 건 마음에 크고 작은 따스한 것들을 새기는 일인데, 그 책을 읽는다면 못난 마음만 새겨질 것 같았다. 여기서 더 찌질해지고 싶지는 않았다. 나는 읽지 못했지만, 그의 책을 읽은 많은 사람들이 용기를 얻었다고 말했다. 눈물을 흘렸다고 말했다. 그리고 나는 또 못난 질투를 품었다.

그래서 나는 독립출판을 했다.

부끄러운 이유에는 출판사에 투고했다가 그는 받아줬으면서 난 받아주지 않으면 어쩌나 하는 찌질한 두려움이 있었고, 당당한 이유에는 단 한 명이라도 누군가에게 따듯하게 가 닿길 바랐으면 하는 책을 하나부터 열까지, 온전히 나의 힘으로 만들어내고 싶었다.

다행히 전자보다는 후자의 이유를 알아봐 준 사람들에게 진심 어린 메시지를 받았다. 그리고 그들의 메시지에 나는 그에 대한 질투심을 꽤 희미해지도록 지워낼 수 있었다. 그래서 한번은 말하고 싶었다. 위로하기 위해 만든 책을 읽어준 사람들 덕분에 오히려 더 큰 위로를 받은 내가, 사실은 마냥 그렇지만은 않다고. 가끔 시기하고, 자주 찌질한 사람이라고.

조금 더 솔직하게 말하고 싶었다.

〈따듯했다고, 장하다고, 말해주신 모든 분께 〉
사실 전 그렇게 마냥 따듯하지도,
긍정적이기만 하지도 않아요.
가끔 사는 게 뭐 이러냐 욕도 하고요, 막막하다면서도
또 귀찮다고 아무것도 안 하기도 하고요,
나보다 잘나고 나보다 잘 사는 사람이
잘난척하는 걸 보면, 괜한 자격지심에 망했으면….
하고 중얼거리기도 해봤어요.
그렇지만 이미 내 삶이 너무 애틋해져 버려서,
나와 같은 누군가의 삶도 애틋해져 버렸어요.
그러니까 우리 사는 거 힘들다고 욕도 같이 하고,
같이 무너져서 울기도 해봐요.
그리고 그럼에도 불구하고 같이,
오늘을 버텨봐요.
나보다 마음 편히 잘 사는 사람들에 대한 자격지심은
'에라이! 난 그래도 너보다 없이 살아서 악바리 하나는 내가 이긴다!'라고 위안 삼으면서,
끈질기게 잘 살아 봐요.

19.
오늘 본 드라마나 영화에서 마음을 움찔이
게 한 대사가 있었나요?

"스무 살, 서른, 그런 시간 개념을 담당하는 부위가
두뇌 바깥 부분의 신피질입니다.
고양이는 인간과 다르게 신피질이 없죠.
그래서 매일 똑같은 사료를 먹고 매일 똑같은 집에서
매일 똑같은 일상을 보내도
우울하거나 지루해하지 않아요.
그 친구한테 시간이라는 건 현재밖에 없는 거니까.
스무 살이니까, 서른이라서 곧 마흔인데
시간이라는 걸 그렇게 분초로 나눠서
자신을 가두는 종족은 지구상에 인간밖에 없습니다.
오직 인간만이 나이라는 약점을 공략해서
돈을 쓰고 감정을 소비하게 만들죠.
그게 인간이 진화의 대가로 얻은
신피질의 재앙이에요.
서른도 마흔도 고양이에겐 똑같은 오늘일 뿐입니다."

드라마 〈이번 생은 처음이라〉 중, 세희가 지호에게

그러니까 오늘을 삽시다.
이렇게 말하는 저도,
내일이 사무치게 걱정스러워
마음 편히 잠드는 날이 자주 있진 못하지만.

그래도 우리 오늘을 살아요.
오늘을 눈 뜨고,
오늘을 걷고,
오늘을 웃고,
오늘을 애틋하게 사랑하며.
그렇게 당장
내일이 걱정스럽지 않긴 힘들겠지만,
일단 오늘 밤은
좋아하는 단어로 가득 채워
포근히 잠드는 것을 시작으로,

그렇게 오늘을 애쓰며 살아요.
일단은 지금의 순간을 새겨봐요.

사사로운 것들에 마음을 깊게 쓰는 것
대단하지 않은 것들로 웃게 해주는 것
한없이 불안하고, 그만큼 단단할 거라
억지로 위로하는 내게
'불안해도 괜찮아 그것 또한 너의 예쁜 순간이야.'
라고 말해주는 것

〈사소하고 별거 없는 모든 순간에게〉 중

20.

하루 중 당신이

좋아하는 순간은 언제인가요?

일이 끝나고 집에 도착하면 가볍게 웃기 딱 좋은 예능 프로그램을 하나 틀어 놓고 저녁을 먹는다. 예능은 가벼우면서도 따듯해야 하고, 따듯하면서도 그에 무게가 실려있진 않아야 한다. 그렇게 배가 부르고 나면 그 배부름에 게으름 피워지기 전 후딱 샤워를 한다. 뜨거울 듯 따듯한 온도로 몸을, 마음을 충분히 데운다. 개운한 몸으로 침대에 기대앉아 조명을 켜고, 잔잔하게 틀어 놓은 좋아하는 노래를 배경 삼아 좋아하는 문장들을 읽는다.
이렇게 좋아하는 것들로 채워진 시간을 몇 번 반복하다 보면 나도 모르게 이제 이 시간을 기다리게 된다. 이 시간을 기다리며 하루를 버티고, 이 시간이 다가올수록 '오늘은 무얼 먹을까?', '오늘을 어떤 문장을 읽을까?'와 같은 가벼운 설렘 같은 것도 밀려온다.

설레는 무언가가 매일 찾아오는 일상을 거닐 수 있다는 건 참 다행인 일이 아닐 수 없다. 그렇게 하루를 버티게 하니까. 그렇게 하루를 버티고, 버티다 보면 오로지 나의 하루를 살아가게 하니까.

21.

행복하다고 말한 적이 있나요?

"너는 원래 툭하면 행복하다고 하잖아!"

여행 중 알게 된 인연이 내게 한 말이었다.
뭐 길거리에 있는 별 시답잖은 음식을 먹으면서도, 고요하고 잔잔한 밤하늘을 보면서도, 유독 화창한 날씨 안을 거닐면서도 나는 툭하면 "행복해!"라고 말했으니까. 그런데 사실 나는 행복하다는 말을 입 밖으로 꺼내는 것을 이상하게 여기는 사람이었다.
아니, 행복하다는 소리를 할 일이 뭐가 있냐고. 그런 민망하고 오그라드는 대사는 드라마나 영화에서나 써먹는 말이 아니냐면서…. 그런 내가 태어나 처음으로 "아! 지금 너무 행복해!"라고 외쳤던 날을 기억한다. 하루하루 지옥 같은 직장을 다니며 돈을 벌고 살던 내가, 세계여행을 떠나겠다는 오기로 퇴사를 하고 연습 삼아 처음으로 떠난-
내일로 기차여행을 할 때였다.

안동에 도착했을 때 혼자서는 그 유명한 찜닭을 먹을 도리가 없어 "저…. 혹시 찜닭 드시고 싶으신가요?"라는 말 한마디로 시작된 인연이 있었다. 그들도 내일로 기차여행을 하는 여행자였다. 우리는 함께 찜닭을 먹으며 서로의 이름을 알았고, 서로의 여행이 시간은 많으나 계획이 없다는 것을 알았다.
그렇게 어쩌다 보니 우리는, 강릉 바다 앞에 함께 앉아있게 되었다. 그들의 권유로 생전 처음 수상 레저를 도전해보았다. 원래는 발이 닿지 않는 물을 무서워하던 터라 이런 격한(?) 액티비티는 선호하지 않을 때였는데, 그땐 뭐에 홀려서인지 그래 까짓거! 하며 대단한 겁쟁이가 튜브 위에 몸을 눕혔다. 보트가 출발하고 격한 움직임에 두려웠던 나는, 온 힘을 다해 튜브에서 떨어지지 않도록 손잡이를 꼭 쥐었다. 얼마나 악을 써 쥐었으면 손목이 저릿할 지경이었다. 그렇게 두 눈은 질끈 감은 채, 이 순간이 얼른 끝나기를 기다리고 있었다. 그런데 그때 옆에 있던 언니의
"채은아 눈 좀 떠봐!"라고 말하는 소리가 첨벙거리는 파도 소리와 함께 들려왔다.

언니의 말에 질끈 감은 두 눈을 뜨니 눈앞의 하늘은 가슴이 두근거릴 정도로 파랗고, 그 파란 하늘을 배경 삼아 첨벙거리며 튀어 오르는 바닷물은 쉴 틈 없이 반짝이고 있었다.
그 순간 나는 나도 모르는 사이에
"언니! 저 지금 너무 행복해요!"
라고 목이 터져라- 외치고 있었다.
그때 알았던 걸까.
행복하다는 말을 여태 내가 하지 못했던 이유는 내 삶이 불행해서가 아닌, 행복한 삶은 어떻게 만들어가야 하는지 갈피를 못 잡고 있어서라는 것을.
행복의 기준이 법으로 정해져 있지도, 누군가 가르쳐주지도 않는 이유는, 어쩌면 그 기준을 정할 수 있는 건 오직 이번 생을 살아가는 '나'자신뿐이라는 것을.

살아낸다는 사실 자체가 벅차 감히 나의 취향을 알아볼 틈이 없던 나는 그 어떤 어두운 것들을 애써 뒤로한 채 여행을 떠났고, 그 여행을 떠나고 나서야 나의 취향을 온전히 알아갈 수 있었다.

마음이 가는 대로 길을 걸으니 나도 몰랐던 내가 좋아하는 것들이 하나둘씩 쌓여갔다. 그리고 그런 크고 작은 사소한 취향들을 만날 때마다 자연스럽게 행복하다는 말을 내뱉기 시작했고, 그 말이 쌓이고 쌓여 내심 어색했던 문장은 어느새 참 별거 아닌 것에도 갖다 붙이는 문장이 되었다. 그러니 누군가로부터 "너는 원래 툭하면 행복하다고 하잖아!"라는 타박을 들을 지경까지 오게 된 거다.

무언가 대단한 것을 얻는 순간에나 어울릴 줄 알았던 '행복해'라는 말은 사실 사소하고 별거 없는 모든 순간에 어울리는 말이었다. 그렇게 나의 생은 내 마음이 가는 대로 한없이 내뱉는 모든 문장과 그 문장에 어우러진 크고 작은 순간이 모여 이루어진다. 나는 앞으로도 내가 만들어가는 이번 생을 아낌없이, 최선을 다해 행복하게 만들어주겠다고 다짐했다. 오롯이 나의 취향이 가득 담긴 별거 없고 따듯한 장면들로 하나하나 엮어 만들겠다고.

그러니 오늘도 어쩌다 마주한 예쁜 노을에,
운 좋게 발견한 맛 좋은 커피에,
좋아하는 사람들과 마주 앉아 먹는 맛있는 음식에
실없이 '행복해!'라고 외친다.

어쩌면 우리는
이렇게 사소한 것들을 좋아하고
매일 반복되는 하루를 애틋하게 여기며
별거 없는 순간을 꽤 오래 기억하면서
살아갑니다

22.

오늘 곱씹게 된

말 한마디가 있나요?

"사는 게 재밌더냐?"

오랜만에 만난 할머니가 내게 건넨 안부 인사였다.
누군가는 대단하지 않다고 말할 수 있는 네 인생을
네가 재밌으면 그걸로 되었다고.
남들처럼 해줄 수 있는 것이 하나 없고, 기대게 해줄
것이 하나 없지만, 그래도 스스로 재밌게 잘 살아가고
있다니 참 기특하다고.

처음부터 내 삶을 그저 마냥 믿으며 응원해주던 건 아니었다. 사는 게 막막하다며 울기만 하는 내게 사람들은 "그럼 이렇게 살면 되잖아."라는 방법을 제시했지만, 그때의 나는 꿈은 꾸되 현실이 각박하다는 핑계로 아무것도 하지 못하고 있었다. 그렇게 무언가를 시도하지도, 포기하지도 못한 채 이유 모를 억울함에 불행하다- 외치며 하루하루를 살아내고 있었다. 그런 내가 답답했는지 곁에 있는 사람들은 그저 위태로워 보이는 내가 조금은 덜 불안정한 삶을 살아가길 바라는 마음으로 달랠 뿐이었고.
그러다 이런저런 걱정 없이 "네 삶을 살아, 하고 싶은 것을 해, 잘 될 거야."라고 말해주기 시작한 이유는 내가 대단한 무언가를 이뤄내서가 아니었다. 그저 나의 삶을 스스로가 애틋하게 여겨 행복하다 말하기 시작했다는 것이 이유의 전부였다.

그러니까 잘 살아간다는 건 거창한 것이 아니라 그저 내가 나를 괜찮다고 하는 것에서 시작될지도 모른다.

아주 작은 아이였을 땐 사소한 행동 하나에도 재밌냐고 묻는 어른들이 많았고, 재밌다고 답하면 손뼉을 치며 환하게 웃어주었다. 그러나 훌쩍 커버린 어느 순간부터는 얼마나 재밌는 삶을 사느냐보다 얼마나 남들보다 우월한 삶을 사느냐에 따라 박수의 여부가 결정되기 시작했다.

그럼에도 사소한 것에 웃을 수 있는 별거 없는 삶을 살겠노라 말하는 내게 할머니가 묻는 사는 게 재밌냐는 질문은, 그리고 재밌다는 나의 대답에 그럼 되었다는 그 말 한마디는, 그 정도면 충분하다고- 아주아주 장하다고 말해주는 듯했다.

앞으로도 나는 오늘 할머니의 질문을 가끔, 살아가는 이유가 흔들릴 때마다 스스로에게 물을 것이다.
그래서 내가 말하는 삶이 아닌 남들이 말하는 삶을 살아가면 사는 게 재밌다고 답할 수 있겠냐고.
잘 살아가고 있다고 안도할 수 있겠냐고.

23.
다음에 다시 찾아가겠다고
마음먹은 장소가 있나요?

혼자 여행을 떠나면 명백하게 알 수 있는 것 중 하나가 내가 사랑하는 사람들이다.
혼자 아름다운 장면을 마주하고, 맛있는 것을 먹고, 살아있음에 감사한 감정에 젖고 나면 항상 떠오르는 그리운 사람들. 나는 그들이 내가 사랑한다 말할 수 있는 사람임을 깨달았다.

   나름 여러 나라를 여행하며 좋아하는 장소가 꽤 많이 생겼는데, 그중에서 하나. 그러니까 내가 가장 다시 가고 싶은 곳이라기보다는, 내가 사랑하는 사람들 모두가 좋아할 것 같다고 생각한 장소가 있다. 그곳에 그들과 함께 간다면 더할 나위 없이 행복할 것이라 상상만으로도 알 것 같은 장소. 바로 발리, 인도네시아의 발리. 발리는 어쩌다 보니 3번이나 다녀왔다. 호주에 사는 동안 비행기 티켓값이 싸기도 했고, 물가도 저렴했고, 무엇보다 발리에 묻어있는 모든 취향이 나의 여행 취향과 전부 맞아떨어졌다.
나의 여행 취향을 한 줄로 요약하자면 별거 없지만 좋다고 말할 수 있는 순간이 잔뜩인 장소이다.

보통, 이 한 줄이 들어맞는 여행지의 공통점은 일단 물가가 저렴하고(물가가 비싸면 비싼데 왜 이렇게 별 거 없냐며 화가 나게 된다), 음식이 입에 맞고(여행에서, 아니 삶에서도 우선순위는 의식주 중에 식), 날씨가 춥지 않아야 하며(추우면 대체로 잘 걷지 못하는 병이 있는 편), 노을이 아름답고, 뭘 딱히 하지 않아도 하루가 후딱 가는, 그런데 또 뭘 딱히 하지 않았는데도 하루가 뿌듯한. 그러니까 게으르면서도 알차고 바쁘면서도 여유로운 나라여야 했다.

이러한 조건에 들어맞는 곳으로는 태국의 빠이, 스페인의 바르셀로나, 체코의 프라하, 페루의 쿠스코, 인도의 바라나시, 베트남의 사파 등등 여러 장소가 있지만 그중 내가 사랑하는 사람이 더 자주 그리워지는 곳이 바로 발리였다. 그리고 그 사랑하는 사람들 중에서도 특히, 아마 함께할 수 있는 시간이 가장 짧을 것 같아 두려운 할머니가 틈 없이 그리웠다.

그래서 발리를 여행하는 내내 하루 하나씩 상상했다.

- 다음에 할머니랑 오면 할머니를 스쿠터 뒤에
태우고 이 파란 하늘 아래를 원 없이 달려야지.

- 다음에 할머니랑 오면 함께 나시짬뿌르*Nasi Campur*를
먹으며, 할머니가 만든 나물이랑 이 모닝글로리 중에
뭐가 더 맛있냐고 물어야지.

- 다음에 할머니랑 오면 외국 할머니들처럼 예쁜
비키니를 사준 다음, 멋진 수영장에서 사진 찍어줘야지.

- 다음에 할머니랑 오면 박소*Bakso*를 사주고 한국 가면
이 맛이랑 똑같게 국수를 삶아달라고 졸라봐야지.

- 다음에 할머니랑 오면 사테*Sate*에 맥주를 마시며
함께 발리에 취해봐야지.

- 다음에 할머니랑 오면 땀을 뻘뻘 흘리며 시장을
구경하다가 시원한 커피를 마시러 가야지.

- 다음에 할머니랑 오면 할머니는 태어나 단 한 번도
본 적 없을 이 기가 막힌 노을을 보여줘야지.

늦기 전에 꼭,
함께 할 수 있는 추억을 잔뜩 만들어야지.
어느 날 함께 할 수 없는 시간에 살게 되면 잔뜩 만들
어놓은 추억만으로도 애써 살아갈 수 있도록.

24.
당신의 취향은 무엇인가요?

영화는 여운이 얇고 길게 남아
한참을 멍하게 만드는 것을 좋아하고,
노래는 듣고 있으면
괜히 울렁이게 하는 것을 좋아하고,
책은 마치 내 마음인 듯
공감이 가는 글을 좋아하고,
여행지는 아무것도 하지 않아도
꽉 채울 수 있는 장소를 좋아한다.

음식은 음…. 그냥 '맛있다!' 소리를 하게 되는 건
모두 좋아한다.

내 이야기를 아무렇지 않게 털어놓을 수 있는 사람을
좋아한다. 그러니까 꾸미지 않게 되는, 나를 날것 그
대로 보일 수 있는 사람을 좋아한다는 말이다.
내가 울고 있을 때 그 눈물을 이해할 줄 아는 사람,
이해되지 않아도 이해할 수 없음에 마음 아파할 줄
아는 사람을 좋아한다.
슬픔을 함께 슬퍼해 줄 사람이 없다는 건
슬픔 그 자체보다 어쩌면 나를 더 아프게 만든다.
이 말은 함께 슬퍼해 줄 사람이 있다는 건
슬픔 정도는 기꺼이 이겨낼 수 있는 삶을 살게 한다
는 말이 된다.

당신의 이야기를 내게 툭 꺼내주었으면 한다.
조금 부끄러울지라도 당신의 부족함을
내게 보여주었으면 한다.
내 앞에서 울어주었으면 한다.
내 한쪽 어깨가 흠뻑 젖어도 좋으니 어느 날,
문득 찾아와 편히 기대 울어주었으면 한다.
내가 당신에게 그런 사람이 되었으면 한다.

단단하지만 따스한 사람을 좋아하고
화려하진 않지만 진실된 마음을 좋아하고
느리지만 치열한 하루를 좋아하며
혼자이지만 혼자이지 않은 삶을 좋아한다.

그러니까 나는 단단하지만 따스한 사람이 되기를,
화려하진 않지만 진실된 마음을 품고,
느리지만 치열한 하루를 살아내며
혼자이지만 혼자이지 않은 삶을 살아가기를.

25.
당신의 마음을 가장
힘들게 하는 것은 무엇인가요?

나는 잃어버리는 것이, 잊혀지는 것이 제일 두렵다.
그리움에 눈물 흘리는 것보다
그리워할 마음 하나 없는 것이 더 무섭다.
나의 삶은 그리워질 오늘을 살고,
그리워하는 마음으로 내일을 맞이했으면 한다.

나는 미련없는 깔끔한 마음이 가장 싫다.
적어도 내가 사랑하는 모든 것들은
매 순간 미련을 담아
오래오래 곱씹으며 살아가 주었으면 한다.
그렇게 잊어버리지도, 잃어버리지도 않고
기억하며 살아갔으면 한다.

26.

아직 보내지 못한

편지 한 통이 있나요?

OO에게

안녕. 잘 지내니?

이 편지를 보낼 수 있을지는 모르겠지만, 내가 하고 싶은 말을 일단 적어보려고 해.

그때나 지금이나 여전하다- 말하다가도 생각해보면 참 많은 것이 변했어. 그때 무서워하던 것들 중 지금은 하나도 무섭지 않은 것들이 있고, 그땐 하나도 무섭지 않은 것들이 지금은 가끔 무섭기도 하거든.

이게 변했다는 말이겠지?

넌 여전할까. 여전히 주어진 것에 최선을 다하며 살아가고 있을까. 네가 좋아하는 것에 마음을 쏟고 싫어하는 것은 외면할 줄도 알면서, 그렇게 스스로에게 당당한 삶을 살아가고 있을까.

나는 괜찮을 거라고 마음먹었으면서도 주변 환경을 탓하며 자주 막막해하곤 해.

난 느리더라도 단단한 길을 걸어간다면 괜찮을 줄 알았는데, 어째 현실은 느린 것과 단단한 것은 같을 수가 없는 것 같더라고. 그래서 가끔 급하게 뛰다가 발을 헛디디기도 하는 것 같아.

며칠 전에는 친한 언니와 오랜만에 만나 수다를 떨었어. 내가 정말 사랑하는 추억이 담긴 장소에서 만난 언니였어. 그러니까 우린 같은 추억을 공유하고 있는 사이인 거지. 그리고 그 말은 같은 추억이 생긴 만큼 돌아온 현실에선 같이 뒤처진 사이라는 것이기도 했어. 그날 언니는 정말 없어선 안 될 추억이어서 후회가 되는 건 아니지만, 요즘 들어 문득 그곳에 가지 않고 일찍 한국에서 자리를 잡았다면, 그랬다면 지금쯤 더 나은 상황이었을까- 하는 생각이 든다고 말했어.

그래서 난 물었지.
우리가 경험한 그 길을,; 누군가 떠나고 싶다는 마음을 품고 있다면 무어라 대답하겠냐고.
언니와 나의 대답은 같았어.

꼭, 기회가 된다면 꼭 가보라고 응원할 거라고.

그 말은 우리가 만약 시간을 되돌아간다 할지라도 같은 선택을 하게 될 거라는 말이기도 했어.

그러니까 조금 늦어진 것에 대한 두려움보다는 그날의 추억이 사라지는 것에 대한 두려움이 더 크다는 거지. 그건 그날의 추억이 지금의 나를 아마도 더 잘 살아가게 한다는 거겠지. 그렇게 내려진 우리의 결론은 떠나고 싶은 누군가에게 안된다는 말이 아닌, 훨훨 날아보라고 말할 수 있는 사람이 된 것이 참 다행이라는 거였어. 그리고 아마 시간이 지나면 지날수록, 더 다행이라고 안도하게 될 거라는 확신도 들었어.

나는 여전히 불안하고 여전히 막막하지만,
그래도 이젠 지금 내가 행복할 수 있는 일을
하나씩 해보려고 해. 네가 그랬던 것처럼.
그리고 언젠가 널 다시 만나게 된다면 말이야.
그즈음에는 나도 너처럼 빛을 품은 사람이
되었으면 해.
오랜만에 만난 네가 나에게

  "더 반짝이는 사람이 되었구나."
라고 말해줄 수 있도록.

27.
무기력한 하루에 대처하는
방법이 있나요?

이건 좀 민망한 방법이긴 한데
드라마 주인공이 되어보는 거예요.

일단 장소는 횡단보도 앞, 신호 대기 중일 때가 좋아요. 그때 활기찬 노래를 하나 트는 거죠.
왜 드라마 같은데 보면 주인공이 역경을 딛고 해피엔딩을 맞이하는 순간, 배경음악으로 깔리는 OST 같은 느낌 있잖아요.
따사로운 햇볕을 손바닥으로 한번 가려본 뒤,
기분 좋은 심호흡을 크게 하고 당차게 길을 걷는
그런 장면에 깔리는 노래 말이에요.
그런 노래를 전날 밤 하나 찾아놔도 좋고 아니면
평소 좋아하는 노래를 틀어도 좋아요.

*제가 자주 애용하는 노래로는 잔나비의 〈Wish〉,
Oasis의 〈Stand By Me〉가 있어요.*

그렇게 이어폰 속으로 노래가 재생되는 순간,
아무도 모르게 혼자서 연기를 시작하는 거죠.
손으로 햇빛을 가리는 건 주위에 사람들이 있다면
강요하진 않겠지만, 표정 연기라도.
상쾌한 공기를 마시며 해피엔딩을 맞이한
주인공처럼 말이죠.

그리고 신호가 초록 불로 바뀌는 순간 노래에 맞춰
힘차게 걸어 나가보면, 괜스레 하루를 열심히 살아보
겠다는 마음이 솟구쳐요.

그냥 그렇게 하루를 시작해보는 거예요.
노래가 흐르는 3분 동안만이라도
해피엔딩을 맞이한 것처럼.
그렇게 일단 연기로, 조금 오그라들고 민망하게.

〈스물세 명의 울적한 하루를 기분 좋게 해주는 것들〉

하루가 끝나고 뜨듯한 물로 머리부터 발끝까지
적시는 거
- 천안시 동남구에 사는 김0영님

날 좋은 날 좋아하는 노래 들으면서 드라이브
- 천안시 통정지구에 사는 이0원님

여행 사진 꺼내 보기
- 서울시 강동구에 사는 조0희님

비행기표 구경하기
- 고양시 행신동에 사는 김0우님

노래 크게 틀어놓고 인터넷 하기
- 천안시 서북구에 사는 유0리님

산책하면서 자연의 소리 듣기, 커피 내려 먹기,
향 피우며 멍때리기, 유튜브 웃긴 영상 찾아보기,
조카 사진 보기
- 의정부 호원동 사는 서0나님

무조건 떡볶이
- 서울시 송파구에 사는 전0기님

휴가받아서 여행 가기
- 대전 중구에 사는 최O희님

삭막한 업무시간 중 잠시 바람 쐬러 나갔을 때,
간만에 느끼는 파란 하늘과 따뜻한 햇볕
- 천안시 서북구에 사는 윤O라님

이어폰 꽂고 음악 들으면서 천변로 뛰기
- 정읍시 수성동에 사는 문O정님

노을이 빨갛게 세상을 물들이는 늦은 오후,
사랑하는 똥강아지와 함께하는 산책
- 인천 중구에 사는 금O영님

멍멍이 산책하면서 초록초록한 나무를 보는 것
- 공주시 정안면에 사는 이O원님

자전거 타고 멀리 나가서 멍때리기
- 안산시 상록구 사는 조O희님

'오늘도 쾌변했다' 등 나에게
사소한 칭찬 한마디 해주기
- 인천 만수동에 사는 김O인님

회식. 회식이 제일 신나
- 천안시 차암동에 사는 강O민님

따뜻한 이불에 들어가서 와인 한 잔에
초콜릿 왕창 먹으며 넷플릭스 보기
- 천안시 동남구에 사는 유O아님

향긋한 섬유유연제 냄새가 나는
보송하고 따뜻한 이불 속으로 들어가기
- 부산시 연제구에 사는 김O주님

화이트 초콜렛 모카 - 인천 중구에 사는 권O진님

느리게 대청소하기
- 울산시 중구에 사는 구O희님

삼겹살 먹기 - 대전에 사는 이O웅님

Talk to someone or hang out with friend
or watch Netflix
- 홍콩에 사는 페O스님

한가득 쌓인 눈 위에서 이른 아침
빈 속에 피우는 담배
- 노르웨이 알타에 사는 하O님

문틈 사이의 풍경 보기
- 태국 빠이에 사는 최O재님

28.
가지고 있는 물건 중 절대
버리지 못할 물건이 있나요?

이사를 꽤 자주 다닌 편이다. 그리고 이사를 할 때마다 항상 버릴 것들이 큰 쓰레기봉투로 한가득 나온다. 워낙 미련이 많은 성격이라 그때그때 버리지 못하고 다 쟁여두고 있다가, 이사할 땐 도저히 감당이 안 돼서 억지로 버리는 것들이 대부분이다.
그런 와중에도 절대 버리지 못하는 것이 하나 있는데 바로 초등학교 때부터 모아온 편지 상자다. 긴 시간이 지난 만큼 편지를 담은 상자는 닳고 닳아 몇 번을 바꾸었지만, 그 안에 들어있는 편지들은 전부 그대로다.

예쁜 편지 봉투에 곱게 들어있는 편지부터 초등학교 시절 유행했던 조그마한 학종이에 적힌 편지, 수업 시간에 선생님 몰래 친구와 공책에 끄적인 낙서, 스무 살 무렵 우리 집에서 잔 친구가 먼저 출근한 내게 남긴 쪽지 한 장까지 전부 있다.

가끔 기분이 울적할 때나 심심할 때, 무언가 알 수 없는 그리움이 물씬 밀려올 때마다 이 편지 상자는 꽤 유용하게 쓰인다. 손에 집히는 것들을 하나씩 펼쳐 읽다 보면 나도 모르게 입꼬리가 슬며시 올라간다.
마음이 따듯해진다는 말이다.
마음이 담긴 글을 좋아하는데 마음이 담긴 글의 가장 대표적인 것이 편지가 아닐까. 그래서인지 편지는 시적인 표현 하나 없어도, 별 시답잖은 내용이 쓰여있어도 읽고 있으면 저절로 마음이 데워진다.

내가 이 오래된 편지들을 버리지 못하는 이유는
아마 그들의 마음이 쓰여있어서,
그러니까 고작 종이 따위가 아닌
그 시절 내가 받은 누군가의 마음이어서 그럴 것이다.

오래된 편지를 하나씩 펼쳐 읽다 보면
난 누군가의 사랑하는 제자였고,
제일 좋아한다고 말할 수 있는 친구였고,
보고 싶지만 볼 수 없는 그리운 사람이자,
꼭 기억되길 바라는 잊지 못할 인연이었다.

우리의 인연을 영원히 간직하고
시간이 지나서도 꼭 함께하자 말해주던 사람도,
내가 항상 행복하길 바란다고 말해주던 사람도,
하늘, 바람, 나무 모두 아름다운 계절에 태어난 걸
진심으로 축하한다- 말해주던 사람도 있었다.

29.

오늘 생긴 당신의

버킷리스트는 뭐예요?

추운 것을 싫어하는 나는 유독 겨울답지 않은 올겨울이 춥지 않아 좋다면서도, 내심 아쉬운 마음이 드는건 어쩔 수 없었다. 그래도 겨울은 손발이 얼어버릴 것 같다고 징징대는 맛이 있어야 하는 걸까.

   입춘이 열흘은 지나고 나서야 올겨울 처음으로 눈이 펑펑 내린 아침이었다. 오랜만에 소복이 쌓인 눈 위를 밟는 어색한 발걸음으로 출근을 했다. 오늘 카페의 첫 손님은 하얗게 내리는 눈과 어울리는 따뜻한 라떼 한 잔을 주문하셨다. 조용히 내리는 눈 때문인지 유독 고요한 아침, 나는 라떼를 만들고 손님은 창밖으로 떨어지는 눈을 바라보고 있었다. 그러다 그는 내게 *"이렇게 눈 오는 것을 보니 발이 푹푹 빠지는 하얀 나라로 가고 싶어. 가서 딱 일주일만 아무것도 안 하고 가만히 있다가 오는 거지…".* 라며 말문을 텄다.
"아, 너무 좋죠.
아침이면 뜨거운 차도 한 잔씩 마시고."
"맞아. 벽난로 앞에 앉아서..! 정말 그게 내 버킷리스트야. 이제 갈 수 있을지나 모르겠지만."

내 또래의 딸이 있는 중년의 그는 여행을 좋아하지만, 이젠 여유가 있어도 의욕만으로는 어딘가 멀리 떠나기 쉽지 않은 위치가 되었다고 말했다. 그러면서 내게 자신의 여행 이야기를 하나 꺼내주었다.

그가 이십 대의 마지막에 닿을 때쯤이었다.
그러니까 지금의 내 나이 무렵, 당시 좋지 않은 회사 사정에 무급 휴가를 한 달 받은 적이 있었는데, 그때 무작정 오래된 차를 하나 빌려 미국 서부로 떠난 여행. 젊음이라는 무기로 숙소도 하나 예약하지 않고 도착한 요세미티 공원은 예상과 달리 모든 숙박 시설이 만실이었다고 했다. 9월임에도 꽤 쌀쌀했던 요세미티 공원이었지만, 그는 어쩔 수 없이 마땅한 공간에 차를 세우고 차 안에서 벌벌 떨며 하룻밤을 지새워야 했다. 불편함도, 추위도 젊음이라는 이유로 다 상관없었지만, 눈앞에 보이는 〈곰 조심〉 경고 표지판이 두려워 밤새 잠을 설쳤다는 이야기도 함께.
"그런데 그때 본 별이 이십 년도 더 지난 지금까지도 그렇게 생각이 나. 은하수도 정말 대단했거든…."

이십 년도 훨씬 넘은 그날의 밤이 아직도 선명하다 말하는 그의 눈은 정말로 어젯밤 이야기를 말하는 듯 굉장히 반짝이고 있었다. 그때의 밤을 사랑하는 사람에게도 보여주고 싶어, 그 이후 긴 시간 동안 일 년에 한두 번씩은 가족들과 여행을 다녀왔다고 했다. 하지만 지금은 더 여유로운 상황이 되었음에도 자식들은 다 너무 커버렸고, 자신은 떠나는 것이 조금 힘에 부쳐 언제 또 그런 날을 맞이할 수 있을지 모르겠다며 쓸쓸한 마음을 내비치었지만.

그럼에도 자신의 버킷리스트는 '눈이 가득 쌓인 나라에서 아무것도 하지 않는 일주일을 보내는 것'이라고 말하는 그의 모습은, 마치 요세미티 공원에서 밤하늘을 바라보던 그날의 청년처럼 꽤 뜨거웠다.

이젠 힘들 거라는 그의 말에도 어쩐지 나는,
길지 않은 미래에 하얀 눈이 가득 쌓인 캐나다의
작은 시골 마을에서 벽난로 앞에 앉아 뜨거운 홍차를
호호- 불어 마시고 있을 그가 그려지는,
어느 겨울 아침이었다.

30.

오늘 당신에게

잊지 못할 순간이 있었나요?

한낱 꿈에 불과하다 말하는
이 삶 안에 속해 있는 이상,
우리가 할 수 있는 것은 그저
살아가는 거야, 살아내는 거야.

어떤 하루는 아프고,
또 어떤 하루는 지치고,
그러다 보면 이렇게 아프고 지치면서까지
살아야만 하냐고 주저앉게 될지라도.

살아야 할 이유가 딱히 떠오르지 않는 이유는
어쩌면 아직 살아있기 때문에,
살아가는 이 삶이 지극히 당연하게
닿아있기 때문일지도 몰라.

이 당연한 일상을 잃은 후에야 우리는
살았어야 했다고.
별거 없을지라도 아무리 아프고 상처받을지라도,
살아내야 했다고 후회할지도 몰라.

그러니 우리가 할 수 있는 것은
대단하지 않은 모든 순간을 애틋하게 살아가는 거야.

아침에 눈을 뜨고,
조용히 부는 바람을 만지고,
붉게 지는 노을을 바라보고,
시큰한 밤공기를 마시는 것.
오랜 친구와 웃고 떠드는 것,
사랑하는 가족의 온기를 품어보는 것.

이 모든 순간을 하루하루 담아내며,
그렇게 쌓이고 쌓인 기억의 기록들이
언젠가 당연하지 않을 시간에 살게 될 나를
다독일 수 있기를-
간절히 바라면서 말이야.

이 삶이 언제가 끝일지는
그 누구도 알지 못하지만,
어찌 되었든 하나의 끝을 향해 모두는
매일 걸어가니까.
그런 우리의 오늘을 실감 나게 하는 건,
결국 아주 사소한 것들이니까.

삶을 살아가야 할 이유를 잃어버릴 때마다 기억해.
잊지 못할 나의 순간을,
오늘날까지 살아있게 해준 순간의 기록을.

우리 할머니는 후회와 절망뿐인
젊은 날을 살아가며 많이 아팠지만,
그럼에도 손을 잡은 작고, 여린 자식들이
말도 잘하지 못하던 내가 곁으로 왔던 그날이
오늘날의 할머니를 살아있게 한다고 말씀하셨어.

그러니 때론 불행하고,
어쩌다 행복한 삶을 살아가며 우리는
그저 살아있음에 안도하는 모든 것들을 사랑하고,
사랑했던 모든 것들을 그리워하면 그뿐이야.

잊고 싶은 기억을 잊기 위해 아파하는 것보다는
기억하고 싶은 기억을 애써 기억하면 그뿐이야.

그렇게 지나간 후회와 다가올 불안에
상처받을지라도,
오늘을 살아낸 기특함에 웃을 수 있다면 그뿐이야.

Q.

당신을 웃게 하는
행복한 기억이 있나요?

_____

_____

_____

나는 당신이
아프고 슬픈 기억에 묻혀 사라지길 소망하지 않도록,
대단하지 않은 행복을 새기며 살아내기를 바랍니다.

슬픈 기억은 행복의 홍수 아래 가라앉게 해

———

지은이 이채은
메일 mclove8122@naver.com
인스타그램 @moonichae

펴낸곳 레이지북 lazybooks
표지 캘리그라피 김아영
1판 1쇄 2020. 05. 01
1판 2쇄 2021. 05. 28
1판 3쇄 2023. 08. 10
1판 4쇄 2025. 01. 17
1판 5쇄 2025. 12. 08

ISBN 979-11-97008-81-8

* 이 책의 판권은 저자에게 있습니다.

* 책 내용의 전체 또는 일부를 이용하려면 출처를 밝혀야 합니다.